Mit Engeln durch das Jahr

Mit Engeln durch das Jahr

Ambika Wauters

Urania

Die englische Originalausgabe erschien 2000 bei Carroll & Brown Limited, London, unter dem Titel: The Angelic Year

Stellvertretender Atelierleiter: Tracy Timson
Redakteur: Geoffrey Chesler
Kunstredakteurin: Gail Jones

1. Auflage 2001
ISBN 3-908653-29-0

Übersetzt aus dem Englischen von Martin Rometsch
Satz: Hissek Satz & Litho, Konstanz
Printed in Italy

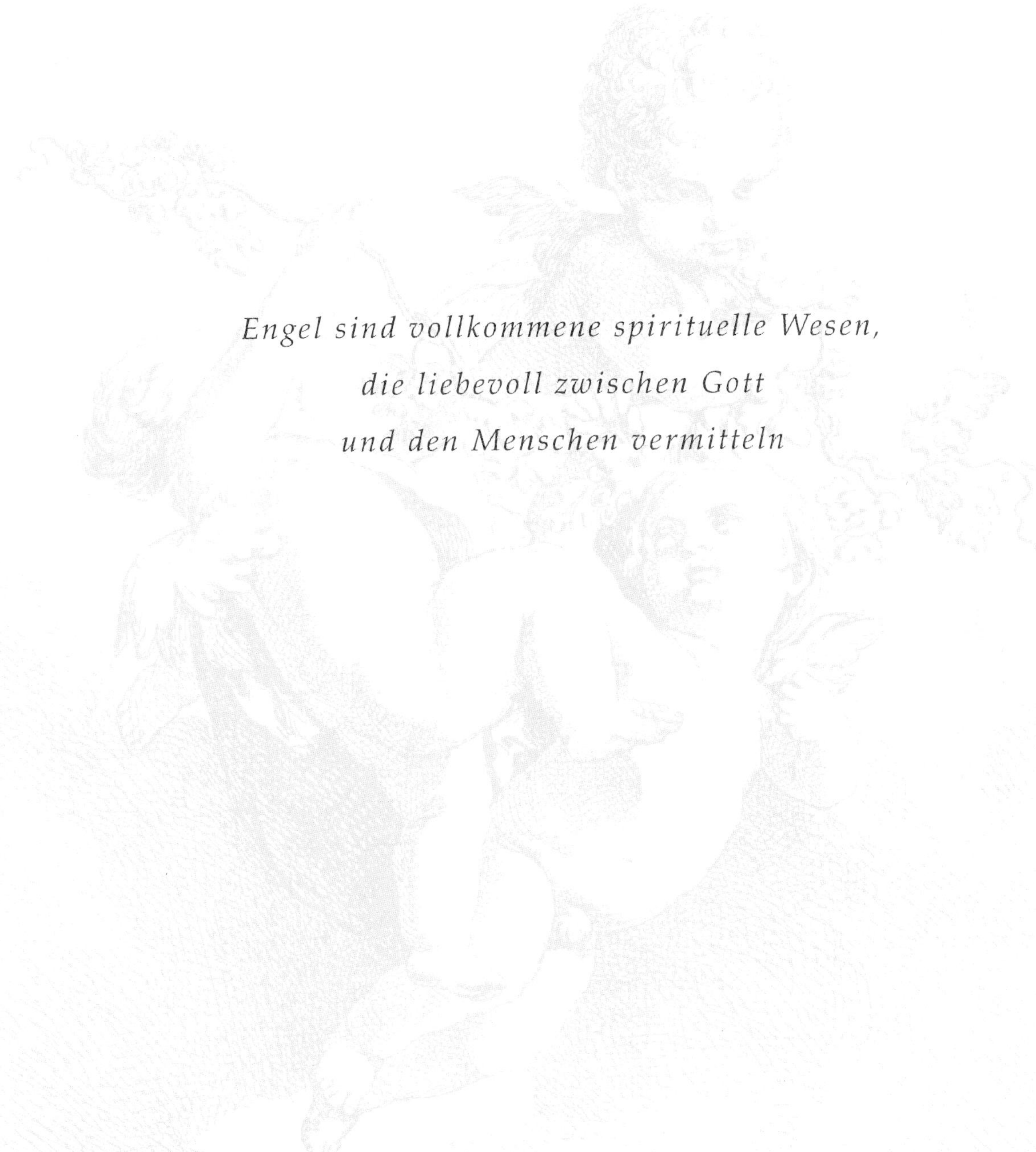

Engel sind vollkommene spirituelle Wesen,
die liebevoll zwischen Gott
und den Menschen vermitteln

Inhalt

Einführung

Engel sind vollkommene Geistwesen, die liebevoll zwischen Gott und den Menschen vermitteln.

Engel sind unsere untrennbare Verbindung zu Gott, und sie haben die Aufgabe, uns auf dem spirituellen Weg zu führen. Gott liebt uns und hat uns nach seinem Bilde geschaffen, damit wir ihn durch uns selbst kennen und lieben lernen. Der göttliche Funke lebt in uns allen, und die Engel entfachen daraus eine Flamme, die alles verbrennt, was nicht Liebe, Licht und Wahrheit ist.

Engel sind die Boten Gottes. Sie helfen uns, Träume und Hoffnungen zu erfüllen, das Leben positiv zu sehen, uns selbst zu akzeptieren und dankbar zu sein. Dank ihres Beistands bleiben wir flexibel, aufgeschlossen für das Neue und empfänglich für die Wunder, die sie uns jeden Tag bringen.

Manche Engel wurden geschaffen, um die Evolution der Menschheit zu fördern. Die mächtigsten Gottesboten sind die Erzengel, die Individuen und Gruppen schützen, heilen und anleiten. Die Erzengel helfen uns, wenn wir nicht mehr weiter wissen, und führen uns zu unseren spirituellen Wurzeln zurück. Sie und unsere Schutzengel versorgen uns mit allem, was unsere Seele zum Lernen und Wachsen braucht. Erzengel lehren uns Gottes Wort und ermutigen uns, unser Licht leuchten zu lassen und die Welt zu heilen.

Engel in unserem Leben

Engel können unsere Gedanken und Vorstellungen anregen. Sie flüstern uns gute Worte zu und schärfen die Sinne. Sie lehren uns, dass wir unseren richtigen Platz und den Weg dorthin bereits kennen. Die Antworten auf unsere Fragen finden wir in uns selbst.

Engel vermitteln uns viele Einsichten. Wir sprechen dann von Inspiration oder Erleuchtung, ohne zu erkennen, dass wir uns mit fremden Federn schmücken. Wir sind göttlich inspiriert, und die Engel tragen unseren Geist empor zum höheren Bewusstsein.

Engel fördern derzeit die Umwandlung unserer materialistischen Gesellschaft in einen Zustand spiritueller Bewusstheit. Sie helfen uns, den rapiden kulturellen Wandel zu verkraften, und sie machen ehrliche,

liebevolle und hilfsbereite Menschen aus uns, wenn wir sie darum bitten.

Engel stehen uns zur Seite, damit wir vernünftige Entscheidungen treffen, und sie bringen uns mit Menschen zusammen, die unsere geistige und seelische Entwicklung beschleunigen. Von selbst kommen wir nicht auf den Gedanken, dass wir alle Kinder Gottes sind, und weil die Engel das wissen, erinnern sie uns jeden Augenblick daran.

Wenn wir uns dessen bewusst sind, können wir ein glückliches und erfülltes Leben führen. Wir werden Partner der Engel, und sie muntern uns auf, wenn es uns schlecht geht, und jubeln mit uns,

wenn wir Erfolge feiern. Engel helfen uns, standhaft zu bleiben und in jeder Situation unser Bestes zu geben.

Mehr verlangen sich nicht von uns, denn ihre Liebe ist bedingungslos. Sie unterstützen uns auch in harten Zeiten, damit wir uns anstrengen und unsere Träume verwirklichen.

Mit Engeln arbeiten

Viele Menschen fragen, wie sie mit Engeln Kontakt aufnehmen können. Wir müssen nur aufgeschlossen sein und den festen Willen haben, uns auf die Ebene der Engel einzustimmen. Genau genommen sind wir immer mit Engeln und durch sie mit Gott verbunden, selbst wenn wir es nicht wissen. Sie hören alle unsere Gebete.

Engel übermitteln uns Gottes ewige Liebe. Sie freuen sich über Schönheit, Einfachheit, Sauberkeit, Kerzenlicht, Aufrichtigkeit, spirituelles Denken und Fröhlichkeit. Auch Feste machen ihnen Spaß, und sie spüren unsere Dankbarkeit. Sie warten geduldig auf unsere Bitte, geheilt, geliebt und erleuchtet zu werden.

Unsere Seele weiß, dass sie nach der höchsten Wahrheit streben muss. Engel helfen uns, das Negative zu bannen, und sie kennen die Einstellungen, die uns hinderlich sind. Sobald wir die Verantwortung für uns selbst, für unsere lieblosen, missbräuchlichen, zynischen und zweiflerischen Gedanken übernehmen, erwacht in uns allen der Wunsch nach dem Spirituellen.

Viele Menschen suchen nach einem Sinn und kommen sich wertlos vor. Wir alle brauchen Hilfe, um das kostbare Juwel des Selbstes tief in unserem Inneren zu finden. Auf dieser tiefen Ebene wissen wir, dass wir liebevolle und wertvolle Wesen sind; aber wir müssen viele Male leben, um herauszufinden, wer wir wirklich sind. Die Engel haben uns seit dem Beginn unserer spirituellen Reise dabei geholfen.

Sie hören uns, wenn wir sie im Gebet, in der Meditation, durch Affirmationen oder durch Visualisieren anrufen. Wenn wir die Verantwortung für unsere Gefühle und Bedürfnisse übernehmen, können wir mit den Engeln arbeiten. Dann legen wir Ängste und Zweifel in Gottes Hand und vertrauen ihm unsere Hoffnungen und Träume an, und dann dürfen seine Engel für uns tätig werden. Sie können uns besser helfen, wenn uns klar ist, was wir wollen.

Wenn unsere Gedanken und Gebete ein klares Ziel haben, öffnen sich unser Herz und unser Verstand der inneren Macht, die unsere Wünsche kennt. Die Engel erinnern uns daran, dass wir nicht nur wertvoll sind, sondern das Ziel unserer Sehnsucht auch erreichen können.

Frieden, Liebe und Glück sind immer für uns da – und wir müssen nicht dafür bezahlen. Wir haben Liebe, Güte und Respekt verdient, weil wir existieren, weil wir Menschen sind.

Engel beschützen uns

Es gibt gut belegte Berichte über Engel, die Soldaten, Polizisten und große Menschenmengen vor Unglück bewahrt haben. Und es gibt Berichte über erstaunliche, von Engeln bewirkte Heilungen, einige sogar von Ärzten bestätigt.

Manche sagen, dass unser Schutzengel bei uns ist, seitdem unsere Seele ihre Reise durch die Zeit begonnen hat. Er verlässt uns nie und macht uns keine Vorwürfe. Er will nur, dass wir uns seiner Anwesenheit bewusst sind, und er wartet darauf, gerufen zu werden, damit er uns Hoffnung, Ermutigung und sogar Humor geben kann. Die Geschichten über Eingriffe von Engeln zeigen, dass sie uns immer nahe sind.

Wir können Engel auch rufen, um anderen Menschen zu helfen. Sie erfüllen gerne Bitten, die wir im Gebet aussprechen, denn das ist schließlich ihre Aufgabe.

Engel in Zeiten der Not

Engel lindern Kummer, Angst und Trauer. Sie versichern uns, dass wir immer geliebt, geführt und beschützt werden, einerlei, was mit uns geschieht. Unser Geist kann weder sterben noch verloren gehen. Und wir können letztlich auch nicht versagen; denn wir bekommen immer eine neue Chance zu lernen, und die Seele darf alle Erfahrungen machen, die sie für ihre Entwicklung braucht.

Manchmal ist unser Schmerz so groß oder eine Trennung so schwer, dass wir keinen höheren Sinn darin erkennen. Doch irgendwann finden wir den Schlüssel zur nächsten Ebene unserer Existenz, und wir begreifen erst im Rückblick, dass die Gnade und Liebe einer höheren Kraft uns geholfen haben, eine schwere Zeit zu überstehen.

Wir brauchen keine Mystiker zu sein, um mit Engeln Kontakt aufzunehmen. Wir müssen nur einräumen, dass wir nicht alle Antworten kennen und dass es Kräfte jenseits des Alltäglichen gibt, die uns beeinflussen. Engel sind ein Mysterium, weil der Heilige Geist durch sie wirkt.

Meditation, Gebet und Visualisierung

Wir sind inniger mit Gott und den Engeln verbunden, wenn wir beten, meditieren oder visualisieren. Diese drei Hilfsmittel regen die Phantasie an, stärken den Glauben und helfen uns, tiefer nachzudenken.

Nehmen Sie sich genügend Zeit dafür, und seien Sie geduldig mit sich selbst, vor allem wenn Sie mit Ihrer inneren Welt noch nicht vertraut sind. Sobald Sie mehr Übung haben, fällt es Ihnen leichter, mit Gott Verbindung aufzunehmen.

Meditation

Die Meditation macht uns für das Göttliche empfänglich. Nehmen Sie sich Zeit, das endlose Geschnatter im Kopf abzuschalten. Entspannen Sie sich, atmen Sie ruhig, und lauschen Sie der Leere, die alles durchdringt. So dämpfen Sie auch die Gefühle, und der Körper braucht kein Adrenalin ins Blut zu pumpen. Lassen Sie alle Gedanken los, und versinken Sie tief in sich selbst. Gott wohnt in Ihrem Herzen, und sein Licht dringt in Ihr höheres Bewusstsein. Das spüren Sie, wenn Sie still sind.

Es kann sein, dass Sie in der Meditation Frieden und Entzücken empfinden. Ein andermal grübeln Sie vielleicht über Ihr Leben und Ihre derzeitige Situation, oder Sie werden von Erinnerungen überwältigt, die alte Wunden aufreißen. Lassen Sie die Energie der Vergangenheit einfach weiterfließen. Alles, was Sie während der Meditation erleben, liefert Ihnen Aufschlüsse über Ihre Ziele.

Gebet

Das Gebet ist eine aktive Kommunikation mit Gott. Im stillen oder gesprochenen Gebet reden wir mit unserem himmlischen Vater, öffnen ihm unser Herz, zeigen ihm unsere Schmerzen, bitten ihn um Hilfe und danken ihm.

Das Gebet drückt unsere tiefe Sehnsucht nach Ganzheit und Glück aus. Wir können beten, weil wir wissen, dass wir nicht allein sind und unser Leben nicht ohne Hilfe bewältigen müssen. Es gibt zahllose Beweise für erfüllte Gebete. Wir alle kennen solche Berichte. Das Gebet führt uns zur Quelle alles Seins und bekräftigt unsere Verbindung mit Gott.

Die Gebete in diesem Buch sollen Ihre eigenen lediglich ergänzen. Ein Gebet muss nicht elegant formuliert sein, damit Gott es hört – er kennt unsere Bitte schon, ehe wir sie aussprechen. Aber das Gebet hilft uns, Dankbarkeit auszudrücken und klare Ziele zu setzen.

Wenn Beten für Sie ungewohnt ist, können Sie die Gebete in diesem Buch benutzen, bis Sie eigene Worte finden. Mit etwas Übung fällt es Ihnen leichter. Lassen Sie die Worte aus dem Herzen strömen, und sprechen Sie aus, was für Sie die Wahrheit ist.

Durch das Gebet erreichen Sie die Tiefe Ihrer Seele und entdecken das, was wirklich wichtig ist. Wenn Sie am Wert des Gebetes zweifeln oder wenn Sie fürchten, nicht gehört zu werden, dürfen Sie um ein Zeichen bitten, aus dem Sie schließen können, dass Ihr Gebet gehört wurde. Gott will die Kommunikation nicht abreißen lassen.

Visualisieren

Sie können Ihre Vorstellungskraft so schulen, dass Sie vor dem geistigen Auge sehen, was Sie erstreben – und was Sie sich vorstellen können, das können Sie auch erreichen. Stärken Sie Ihre Phantasie, und versuchen Sie, mit dem geistigen Auge Farben und Formen zu sehen.

Kranke visualisieren, um Tumore schrumpfen zu lassen, und Sportler erhöhen ihre Leistung durch „mentales Training". In der Meditation regt die Vorstellungskraft unser spirituelles Bewusstsein an. Es dauert einige Zeit, bis eine schlummernde Vorstellungskraft geweckt ist. Sobald Sie im Geiste sehen, was Sie sehen wollen, erfüllen Sie das Bild mit Gefühlen. Wenn Sie aus diesem geistigen Bild ein Gebet machen, weiß der Himmel genau, was Sie haben wollen. Visualisieren Sie Ihren Wunsch klar und deutlich, und er wird in Erfüllung gehen.

So benutzen Sie dieses Buch

Das Engelsjahr folgt dem christlichen und dem jüdischen Kalender und dem Zyklus des astrologischen Tierkreises. Darum beginnt es mit der Tagundnachtgleiche des Frühlings im Zeichen des Widders und endet mit dem Winter im Zeichen der Fische. Es stellt die wichtigen Feiertage vor, die das Göttliche in unserem Leben symbolisieren.

Die vier hohen Erzengel sind die Herrscher der Jahreszeiten und einiger Feiertage. Sie strahlen so hell, dass ihr Licht die Energie der gesamten Jahreszeit abdeckt, und sie regieren die Themen des Tierkreises. Jedem Tierkreiszeichen entspricht ein Engel, der einen bestimmten Archetyp verkörpert. Die siebzehn Engel der Feiertage bringen uns an wichtigen Tagen des Jahres göttliche Gnade.

Die zweiundfünfzig Engel der Wochen symbolisieren ein Thema, das mit dem Wachstum und der Heilkraft ihrer Zeichen und Jahreszeiten harmoniert. Diese Engel erweitern unser Bewusstsein und vertiefen unsere Erfahrung des Wandels.

Engel helfen uns, die Zyklen des Wandels zu integrieren und den höheren Sinn unserer persönlichen Transformation zu erkennen. Jeder Mensch hat seinen eigenen Entwicklungszyklus, und die Engel beschützen ihn auf dem Weg. Die Tierkreiszeichen und die Feiertage verdeutlichen das größere Ganze.

Dies ist ein Buch für alle Bewusstseins- und Entwicklungsstufen. Nutzen Sie es, und teilen Sie es mit Freunden und Angehörigen. Ehren Sie die Momente des Wandels, des Übergangs und der Feier. Wenn Sie den Zyklen folgen, spüren Sie, welche Engel Ihnen am nächsten stehen. Lassen Sie die Energie jedes Engels in Ihrem Körper, in Ihrer Seele und in Ihrem Geist wirken, und nehmen Sie sein Wesen in Ihr Wesen auf. Mit der Zeit werden Sie leichter, freier und offener für die Erfahrung des göttlichen Lichtes – Sie werden Ihrem Engel ähnlicher.

Ein Buch für alle Jahreszeiten

Sie können dieses Buch jederzeit nutzen. Suchen Sie den Engel der Jahreszeit, den Engel des Tierkreiszeichens und den Engel der Woche, und freuen Sie sich über die Liebe und den Schutz, der Ihnen gewährt wird. Dies ist ein Buch für gute Zeiten, aber auch für Zeiten des Übergangs, des Wandels und des Aufruhrs.

Synchronizität

Sie können das Buch auch irgendwo aufschlagen und das Engelsgebet lesen – es könnte genau das sein, was Sie in diesem

Augenblick brauchen. Der Engel, den Sie ausgewählt haben, bringt Ihnen Einsicht und Verständnis, und das Wort Gottes erklingt in Ihrer inneren Wirklichkeit. So lernen Sie, dass Botschaften und Zeichen immer da sind, um Ihnen den Weg zu zeigen und Sie zu schützen.

Suchen Sie, was Sie brauchen

Dieses Buch hilft Ihnen auch, eine bestimmte Eigenschaft oder Erfahrung in Ihr Leben zu integrieren. Suchen Sie im Inhaltsverzeichnis den Engel, der das Gesuchte symbolisiert. Er macht Gefühle klarer, stärkt die Entschlusskraft und tröstet Sie, wenn die Landschaft Ihres Geistes überschattet ist.

Engel sind Wegweiser und Fackelträger, die uns den Weg zur Erleuchtung zeigen. Wenn Sie für Ihre Bedürfnisse aufgeschlossen sind und sie klar ausdrücken, geben die Engel Ihnen die Kraft und den Mut, Ihre tiefsten Wünsche wahr zu machen.

Die Feste

Die traditionellen jüdischen und christlichen Feste sind eine Gelegenheit, das Göttliche in unserem Leben zu feiern und den Heiligen Geist willkommen zu heißen, damit er uns segnet.

Solche Tage sind wie Tore, denn der Schleier zwischen Himmel und Erde ist in dieser Zeit so dünn, dass wir das Wesen des Heiligen Geistes und der Engel besser verstehen können. Wir spüren Gottes Gegenwart deutlicher, und seine Liebe ist unserem Herzen näher.

OSTERN

Im Westen zwischen dem 21. März und dem 25. April, im Osten zwischen dem 3. April und dem 8. Mai

Ostern ist das älteste und heiligste Fest im christlichen Kalender, und sein Regent ist der Engel der Auferstehung. Für Millionen von Gläubigen ist die Auferstehung Christi drei Tage nach seinem Tod am Kreuz das größte aller Wunder und das mächtigste Ereignis der Geschichte. Es ist das zentrale Mysterium des Glaubens.

Ostern gilt als das „Fest der Feste". Wir feiern Christi Sieg über Sünde und Tod, wir feiern die Wiedergeburt, die Erneuerung und die Hoffnung auf das ewige Leben. Wie die uralte Sage vom Phönix, der aus der Asche steigt, erzählt die Auferstehung Christi uns die Geschichte vom Leiden und von der Wiedergeburt, und sie verhilft unserem Glauben auf eine neue Ebene des Begreifens. Das Mysterium der Schöpfung wird uns in jedem Frühling neu offenbart.

Auf einer tieferen Ebene lehrt uns die Auferstehung, dass unsere Seele lernen muss, zu vergeben, ihren Ballast abzuwerfen und neu geboren zu werden. Ostern verspricht uns die ewige spirituelle Erneuerung.

Wir werden im ewigen Licht des Geistes erneuert, wenn wir das feiern, was wir wirklich sind. Im Tod zerfällt, was nicht mehr lebt, und am Osterfest lassen wir los, was unsere spirituelle Entwicklung nicht mehr fördert. Indem wir unser Ich und unseren Egoismus dem höheren Selbst opfern, werden wir stärker und mutiger.

Die Auferstehung lehrt uns, dass wir uns über Schmerzen, Kleinlichkeit, Kummer und Trennung erheben und unser Herz wiederfinden können. Dies ist das Osterwunder.

MEDITATION

Meditieren Sie über Ihre Bereitschaft, alle Aspekte Ihres Ichs zu lieben und zu akzeptieren. Nehmen Sie alles an, was geschieht, so wie Christus seinen Tod angenommen hat. Verzeihen Sie sich alles, was Sie falsch gemacht haben, und anerkennen Sie Ihren Hunger nach Liebe, Zärtlichkeit und Respekt. Sie können sich selbst so lieben, wie Ihr Vater im Himmel Sie liebt. Dann feiert Ihr spirituelles Wesen seine Auferstehung.

Gebet

Geliebter Engel der Auferstehung, wir bitten Gott, uns bewusster zu machen und uns den Glanz unseres höheren Selbstes zu zeigen. Hilf uns, Schmerzen, Schmach und Tod zu überwinden. Zeige uns, dass wir ein vollkommenes Juwel sind. Tröste uns in unserem Kummer, und erleuchte uns, damit wir nach Liebe und Frieden streben. Hilf uns, alle Fesseln zu sprengen und unser ganzes Potenzial zu verwirklichen. Amen.

PASSAH

Der Engel der Erlösung regiert das jüdische Passahfest, das fröhliche Gedenken an den dramatischen Auszug der Israeliten aus Ägypten. Passah feiert nicht nur die Befreiung aus physischer Sklaverei, sondern auch die Befreiung des Geistes aus den Fesseln des Ichs.

15. bis 22. Nissan (Ende März bis April) im jüdischen Kalender

Passah (im Hebräischen *Peschach*) ist eines der alten Pilger- und Erntefeste, welche die Juden einst im Tempel zu Jerusalem feierten. Es ist ein Fest der Freiheit, denn Gott hat Israel aus der ägyptischen Knechtschaft geführt, und er wird die Welt im messianischen Zeitalter von der Sünde erlösen.

Dieses fröhliche Fest symbolisiert den Bund zwischen Gott und seinem Volk, das in Freiheit lebt, solange es seine Gebote hält. Wir freuen uns darüber, dass wir Gewissensfreiheit haben und tun, denken und beten dürfen, was uns gefällt. Das höchste Prinzip des Lebens lautet: „Ich bin der ich bin", wie Gott es dem Moses im brennenden Busch offenbarte. Jeder Mensch drückt dieses Prinzip auf seine eigene, einzigartige Weise aus, und wir achten diese Freiheit des Menschen.

Das Lebensprinzip ist der göttliche Funke in jedem Menschen, und dieser Funke wächst, wenn wir die Freiheit erleben und uns selbst ausdrücken. An diesem Feiertag erlösen wir unsere Seele von den Fesseln des Materialismus, der Gier, der Lust und der gestörten Gefühle, die unsere Entwicklung hemmen. Jetzt werden wir im Geiste neu geboren.

MEDITATION

Erforschen Sie die Teile Ihres Ichs, die sich von Ihrem tiefen Zentrum getrennt fühlen. Erlösen Sie, was Sie innerlich verdrängt haben. Suchen Sie die Lebenskraft in jeder Zelle Ihres Körpers, atmen Sie diese Kraft mit jedem Atemzug ein, atmen Sie Güte, Stärke und Mut ein. Erlösen Sie, was Sie in Ihrem Inneren absterben ließen.

Gebet

*Wir beten zu dir,
o Engel der Erlösung.
Hilf uns, die
verlorenen Teile
unseres Geistes
wiederzufinden.
Erlöse, was wir in
uns selbst verloren
haben, weil wir
Liebe, Freundschaft
und Glück zu finden
hofften. Verbinde uns
erneut mit dem ICH
BIN DER ICH BIN,
und lehre uns, dem
höheren Selbst zu
vertrauen. Mache
uns wieder heil und
ganz. Amen.*

PFINGSTEN

Der Engel der Dankbarkeit regiert das Pfingstfest, an dem wir das Ausgießen des Heiligen Geistes auf die Jünger Jesu feiern, die dadurch zu Aposteln des neuen Glaubens wurden. An diesem Feiertag danken wir für Gottes Liebe, die unsere Welt verwandelt hat.

Der siebte Sonntag nach Ostern
im Mai oder Juni

Pfingsten entspricht dem jüdischen Wochenfest, das auf den 15. Tag nach Passah fällt. Als die Jünger sich in Jerusalem versammelt hatten, stieg der Heilige Geist in Feuerszungen auf sie herab und verwandelte sie in die Kirche Gottes. Von nun an trugen sie Christi Botschaft in die ganze Welt. Pfingsten ist also nach Ostern das zweitwichtigste Fest der Christenheit, der Geburtstag der christlichen Kirche.

Nach dem Empfang des Heiligen Geistes gerieten die Jünger in Ekstase und „sprachen in anderen Zungen". Jetzt waren sie imstande, mit anderen Menschen in deren Sprache zu reden, und jetzt hatten sie auch den Mut, jeder Gefahr ins Auge zu sehen.

Dieser Feiertag erinnert uns an die Macht des Wandels. Um diese Zeit des Jahres werden Sprossen und Blüten zu Früchten, denn ihre Lebenskraft wird umgewandelt. Diese Energie stammt aus der Erde, und wenn wir die Natur aufblühen sehen, danken wir Gott für das Wunder des Lebens und dafür, dass auch wir wachsen und gedeihen dürfen.

MEDITATION

Wofür müssen Sie dankbar sein? Danken Sie den Menschen Ihrer Umgebung, von denen Sie Hilfe und Liebe erhalten. Die Gebete dieser Menschen helfen Ihnen in Zeiten des Übergangs und geben Ihnen Seelenfrieden. Danken Sie für die Liebe, die Sie empfangen, und für die Menschen, die an Sie glauben und die auf Ihrer Seite sind. Danken Sie dafür, dass Sie sich frei entfalten, dass Sie frei denken und fühlen dürfen.

Gebet

Gesegneter Engel der Dankbarkeit, erinnere uns daran, dass wir dem Schöpfer danken müssen: für unser Leben, für die Schönheit, die Fülle und die Fürsorge, die wir jeden Tag empfangen. Erinnere uns daran, wie reich wir gesegnet sind, damit wir der göttlichen Gnade danken, die uns trotz unserer Fehler bedingungslos liebt. Amen.

WOCHENFEST

Das jüdische Wochenfest (Schawuot) erinnert an den Empfang der Gebote am Berg Sinai und wird vom Engel der Stärke regiert. Dies ist das wichtigste Ereignis der jüdischen Geschichte: Schlichte Nomaden erhielten moralische Kraft und ein klares Ziel, weil sie mit Gott einen Bund schlossen.

6. bis 7. Siwan (Mai oder Juni)

Das Wochenfest ist eines der drei biblischen Pilger- oder Erntefeste. Es wird sieben Wochen nach dem zweiten Passahtag gefeiert. Ursprünglich ging es dabei um die Weizenernte; heute gedenken wir vor allem des Tages, an dem Moses auf dem Berg Sinai die Zehn Gebote empfing, eingemeißelt in zwei steinerne Tafeln.

An Schawuot werden Synagogen und Tempel mit Blumen geschmückt, denn der kahle Berg erblühte, als Gott sein Gesetz offenbarte. Die Kabbalisten bleiben in der Nacht vor dem Fest wach, um sich auf die spirituelle Heirat zwischen Israel und Gott, symbolisiert durch den am Sinai geschlossenen Bund, vorzubereiten.

Das Volk Israel nahm Gottes Gnade an und wurde dafür transformiert und gestärkt. Wir müssen körperlich stark sein, damit wir hart arbeiten können, aber auch stark in der Seele, damit wir Freude und Leid ertragen können. Ein liebevolles Herz gibt uns die Kraft, die wir brauchen, um unsere Prüfungen zu bestehen und in schweren Zeiten zu überleben.

Spirituell stark ist, wer die universellen Gesetze versteht. Selbst wenn uns das Schicksal auf eine harte Probe stellt, müssen wir nach innen schauen und aus unseren Erfahrungen lernen. Diese Stärke ist im großen Plan Gottes verankert, nicht in unserem kleinen Ich. Das alte jüdische Wochenfest bekräftigt die Stärke unserer innigen Verbindung mit dem Göttlichen.

Gebet

Gesegneter Engel der Stärke,
sei unser Schild, wenn das Leben uns prüft.
Hilf uns, schwere Zeiten zu überstehen,
und öffne uns die Augen,
damit wir die kostbaren Augenblicke
der Freiheit und des Wunders
genießen können.
Zeige uns auch unsere Schwächen,
und bleibe uns gewogen,
wenn wir ihnen erliegen.
Amen.

MEDITATION

Denken Sie über Ihre Schwächen nach. So entdecken Sie Ihre Stärken. Fragen Sie sich, wie gut Sie die Aufgaben des täglichen Lebens erfüllen. Wie stabil sind Ihre Gefühle, wie reagieren Sie auf die Herausforderungen des Lebens? Bekräftigen Sie Ihren Glauben daran, dass Gott Ihnen bei jeder Prüfung hilft. Stärken Sie dieses Band durch Gebet und Meditation. Denken Sie daran, dass Gott Ihnen die Kraft gibt, die Sie brauchen.

ST. JOHANN

24. Juni

St. Johann ist der Sommersonnenwende nahe und wird vom Engel der Erleuchtung regiert. Wir feiern den Geburtstag des Propheten, der als strahlendes spirituelles Licht den Herrn ankündigte. Diese Zeit des hellsten Lichts verbindet Gott, den Menschen und die Natur.

Der Geburtstag Johannes des Täufers fällt fast mit der Sommersonnenwende zusammen. Sein Vater Zacharias war Priester, und seine Mutter Elisabeth war eine Base der Jungfrau Maria. Ein Engel hatte der betagten Elisabeth die Geburt eines Sohnes versprochen.

Johannes wurde ein asketischer Prediger in der judäischen Wüste. Er rief die Sünder auf, zu bereuen und sich durch die Taufe zu reinigen und auf das Königreich Gottes vorzubereiten. Er anerkannte Jesus als den verheißenen Messias und taufte ihn im Jordan.

Dieses Fest verbindet das spirituelle Licht des Propheten, der Christi Ankunft verkündigte, mit der Helligkeit des längsten Tages. So wie die Tage dann kürzer werden, akzeptierte Johannes seinen schwindenden Einfluss und die zunehmende Macht des Erlösers. In vielen Ländern werden am Tag der Sommersonnenwende Feuer angezündet und Feste gefeiert. Sie erinnern uns an die Macht der Sonne, die den Tag erhellt, und an das Licht des höheren Bewusstseins, das den Geist erleuchtet. Aber das göttliche Licht kann das ganze Jahr über in uns leuchten.

MEDITATION

Spüren Sie die Kraft Ihres Inneren Geistes, und lassen Sie diese Kraft ausstrahlen zu allen, die in Ihrer Umgebung Trost, Weisheit und Heilung brauchen – Sie sind fähig, ihnen zu helfen. Vertrauen Sie Ihrem inneren Licht; es zeigt Ihnen den Weg zu den Herzen der Menschen, die Achtung für Sie empfinden und Ihr Licht heller strahlen lassen.

Gebet

Geliebter Engel der Erleuchtung, öffne uns die Augen, damit wir das göttliche Licht in uns sehen. Zeige uns, wie hell unser Geist ist, und hilf uns, von unseren Gaben den rechten Gebrauch zu machen. Wir ehren diesen Tag des Lichts, an dem der Geist Gottes am stärksten strahlt. Lasse dein Licht leuchten über uns, und schenke uns erleuchtete Herzen und Gedanken. Amen.

MARIÄ HIMMELFAHRT

15. August

Das Fest Mariä Himmelfahrt steht unter der Schirmherrschaft des Engels der Gnade. Gott hat der mitfühlenden Mutter Christi seine Gnade geschenkt. Sie tritt im Himmel für uns ein und gibt zahllosen verzweifelten Menschen neue Hoffnung.

Die katholische und die orthodoxe Kirche feiern seit Jahrhunderten die wundersame Himmelfahrt Marias. Da Maria ohne Erbsünde geboren wurde, verließ sie die Erde, ohne den Tod, den Lohn der Sünde, zu erfahren. Ihr Körper und ihre Seele wurden in den Himmel aufgenommen, so dass sie das Schicksal aller gerechten Gläubigen vorwegnahm. Darum endet das erste Gebet ihrer Messe mit den Worten: „Mögen wir den Himmel als unser letztes Ziel sehen und an ihrem Glanz teilhaben."

Der Engel der Gnade wacht an diesem Tag über die vielen Menschen, die auf der ganzen Welt die heilige Jungfrau anrufen. Dies ist ein inniges Fest der Ganzheit und der Heilung. Wenn wir das Herz für die Liebe öffnen und um den Beistand Marias bitten, stärken wir den Geist der Mütterlichkeit in unserem Inneren.

MEDITATION

Wenden Sie sich nach innen, und lösen Sie sich von den zahllosen plappernden Gedanken in Ihrem Kopf. Sehen Sie Ihr Herz als strahlendes, goldenes Licht – das Licht Gottes in Ihnen. Leiten Sie dieses Licht der Liebe in Ihren Körper, in Ihre Seele und in Ihren Geist. Lassen Sie es hinaus in die Welt strahlen und in die dunklen Winkel in den Herzen der Menschen, in die noch keine Liebe gedrungen ist. Diese Gnade ist ein Sinnbild Ihrer Verbundenheit mit dem Heiligen Geist, und sie strömt aus einem liebevollen Herzen.

Gebet

Geliebter Engel der Gnade, du lässt dein Licht leuchten auf alle, die nach Liebe dürsten. Lehre uns, dass du uns immer nahe bist und dass wir dich zu jeder Zeit in unser Herz einladen können. Hilf uns, unser Leben mit Anmut zu akzeptieren und unser Licht mit anderen zu teilen. Wir alle hungern nach einem Leben in der Gegenwart Gottes und mit dem Segen des Heiligen Geistes. Lasse deine Gnade leuchten in unserem Herzen und in unseren Gedanken. Amen.

MICHAELIS

29. September

Michaelis ist der Feiertag des Erzengels Michael, der nach der Tradition die Christen vor den Heiden schützt und in der Stunde ihres Todes ihre Seele behütet. In der frühen Kirche wurde er auch als Heiler verehrt, und in Rom wurde ihm eine Kirche geweiht.

Der Engel der Gerechtigkeit ist eine mächtige Verkörperung des Erzengels Michael. In dieser Rolle ist er der göttliche Bote der Güte und des Lichts, das Symbol der Integrität des Heiligen Geistes. Er kämpft für die Rechte der Menschen und verteidigt alle Unterdrückten.

Michael wird meist mit einem Schwert in der rechten Hand und einer Waage in der linken Hand dargestellt. Er wägt die Seele der Verstorbenen, um herauszufinden, ob sie sich in diesem Leben spirituell weiterentwickelt und den Vertrag erfüllt haben, den sie vor ihrer Inkarnation auf Erden mit ihrem Schutzengel geschlossen haben.

Michael symbolisiert die ewige Gerechtigkeit, die Erfüllung des Karmas und Gottes Bund mit den Menschen. Er ist das lebende Sinnbild dieser Verheißung, der Bewahrer der Himmelsschlüssel, der Engel der Reue, Rechtschaffenheit, Gnade und Heiligung. Für die Juden ist er der Engelfürst Israels.

Michael ist der Anführer der himmlischen Heerscharen, und er beschützt alle, die Gott nahe sein wollen. Er herrscht über die katholische Kirche, die Polizei, die Soldaten und die Anwälte. Auf Bildern ist er oft als Drachentöter zu sehen, als Überwinder des Bösen.

Michael ist auch jener Aspekt unseres Ichs, dessen Quelle unsere höchsten Prinzipien sind. Er ist der treue innere Krieger, dessen Tapferkeit alles durchdringt, was wir tun. Er lehrt uns durch seine Kraft, wie wir unsere Feinde – alte, negative Einstellungen – besiegen.

Gebet

Geliebter Michael, geleite mich durch diesen Tag. Beschütze meine Familie, mein Heim und die Menschen, die ich liebe. Führe mich durch die Prüfungen des Lebens, und hilf mir, den Weg im Chaos und in der Ungewissheit zu finden. Ich danke dir dafür, dass du an meiner Seite stehst, wenn mir Gefahr droht oder wenn ich mich fürchte. Und ich danke dir dafür, dass du mich ins Licht führst, an einen Ort des Friedens und der Ruhe für meine Seele. Amen.

MEDITATION

Wenn wir den Erzengel Michael um Hilfe bitten, rufen wir die strahlende Gegenwart der göttlichen Tat in unser Leben. Er symbolisiert die Kraft in unserem Inneren, die alles Negative besiegen, für das Gute eintreten und die Schwachen verteidigen kann. Meditieren Sie über diese Quelle der Kraft, und öffnen Sie Ihr Herz für die Energie, die Michael allen Suchenden schenkt.

ROSCH HASCHANA

Am ihrem Neujahrsfest feiern die Juden Gottes Mitleid. Dies ist eine Zeit der Selbstbeurteilung und der guten Entschlüsse. Der Regent dieses Tages ist der Engel Israel, der das Wort Gottes symbolisiert. An diesem Tag hilft er uns, dem Alltag zu entfliehen, unsere Entwicklung im vergangenen Jahr zu bewerten und Entscheidungen für die Zukunft zu treffen.

1. Tischri (im September oder Oktober)

Rosch Haschana („das Haupt des Jahres“) ist das jüdische Neujahrsfest und der erste Tag der Ehrfurcht. Man sagt, am ersten Tag des Tischri habe Gott Adam geschaffen. Dies ist auch der Tag des Gerichts, weil er die zehn Tage der Reue und der Seelenprüfung einleitet. Jetzt urteilt Gott über uns und entscheidet über unser Schicksal im kommenden Jahr. Der Name jedes Menschen wird in eines der drei Bücher im Himmel geschrieben: in das Buch der Gerechten, das Buch der Sünder oder das Buch der Unentschlossenen.

Die Juden sind an Rosch Haschana fröhlich, um zu demonstrieren, dass sie an Gottes Gnade glauben. Sie essen Honig, damit das neue Jahr süß wird; sie tragen im Tempel und in der Synagoge weiße Kleider, die Reinheit symbolisieren; und sie blasen das Schofar, das Widderhorn, um die Seele aufzuwecken.

Der Engel Israel gehört zu den Hajjot, jenen Engeln, die den Thron Gottes umringen und die himmlischen Heerscharen herbeirufen, damit sie Gott preisen. Dieser Engel ist der Logos, das Wort Gottes, und dessen transformierende Kraft.

An diesem hohen Feiertag lenken wir unsere Energie nach innen und stärken unser spirituelles Licht. Wir schieben die Probleme des Alltags beiseite, um Kraft zu tanken und klare Ziele zu setzen. Wir denken über unsere Beziehung zu Gott, zu unseren Brüdern und Schwestern und vor allem zu uns selbst nach.

Der Engel Israel fördert unsere spirituelle Entwicklung. Er zeigt uns, wie Gottes Kraft unser Leben reicher und erfüllter macht. Dank seines Beistandes und dank unseres eigenen Wissens entdecken wir unseren inneren Wert und erkennen, dass wir fähig sind, unser Schicksal zu meistern.

Gebet

Engel Israel, lehre uns verstehen,
dass wir vor Gott würdig sind,
und zeige uns, wie wir im Leben unserem
inneren Licht folgen können. Erlöse uns von
Wut und Enttäuschung, und heile unsere
Wunden und unser Gefühl der Schande.
Hilf uns, mehr über das Leben zu lernen
und das spirituelle Streben mit den Wünschen
unseres Ichs in Einklang zu bringen.
Amen.

MEDITATION

Wann war Ihre Verbindung mit Ihrem inneren Selbst zuletzt unterbrochen? Vertrauen Sie Ihrem inneren Licht: Es zeigt Ihnen, welche Ängste und Verhaltensweisen Ihre spirituelle Entwicklung hemmen. Denken Sie darüber nach, wann Sie sich selbst ein Hindernis waren, und seien Sie bereit, im kommenden Jahr eine höhere Bewusstseinsebene zu erreichen. Der Heilige Geist kommt zu allen, die bereuen und ein liebevolles Herz haben.

VERSÖHNUNGSTAG

Der Versöhnungstag oder Jom Kippur ist der heiligste Tag im jüdischen Kalender. Er ist der feierliche Tag der Buße, an dem die Frommen ihre Sünden bereuen, beten und fasten. Regiert wird Jom Kippur von der Schechina, dem mitfühlenden, weiblichen Aspekt der Gottheit, der uns Erlösung durch Liebe und Läuterung verspricht.

10. Tischri (im September oder Oktober)

Der Versöhnungstag ist der heiligste Tag des jüdischen Jahres. Mit diesem Fasttag enden die Tage der Buße. Danach versöhnt Gott sich mit den Menschen, weil sie bereut, gebetet und Gutes getan haben. Jom Kippur ist zwar ein Tag der Ehrfurcht, aber wir dürfen uns auf Gottes Gnade verlassen, denn seine Gnade ist fünfhundertmal größer als sein Zorn. Gott will uns vergeben. Er ist gnädig und geduldig, und wir müssen uns daran ein Beispiel nehmen und anderen Menschen vergeben.

Schechina ist „der Engel, der mich von allem Übel erlöste" (1. Moses 48.16), und der Engel der Befreiung (2. Moses 23.40). Wenn Sie am Jom Kippur Schechina anrufen, legen Sie Ihr Schicksal in ihre Hände, und sie hält Ihnen alles vor Augen, was Sie sind und sein können, damit Sie Ihren Weg verantwortungsbewusst und demütig wählen können. Bitten Sie diesen mächtigen Engel um Kraft, damit Sie Gottes Plan akzeptieren und Ihr göttliches Potenzial nutzen können.

MEDITATION

Denken Sie über Ihren Lebensweg nach. Was muss sich ändern? Gibt es einen Bereich, in dem Sie nicht Sie selbst sein können oder der Ihnen keine Erfüllung schenkt? Befreien Sie sich von Bindungen, die Ihre Entwicklung hemmen. Der Weg, den Sie jetzt einschlagen, beeinflusst Ihr Schicksal. Bitten Sie Schechina, Ihnen den Weg zu zeigen. Wenn Sie sich dem Willen der höheren Macht unterwerfen, treten Veränderungen sanft und allmählich ein.

Gebet

Geliebte Schechina, Braut Gottes, vereinige die Teile unserer Seele, damit wir ganz werden. Hilf uns, unseren Auftrag zu erfüllen: zu lieben, zu heilen und das Beste aus uns zu machen. Erlöse uns, führe uns zurück an deinen Busen, halte uns fest und schenke uns neue Kraft. Heile die Wunden der Trennung, und lehre uns begreifen, dass das Weibliche in uns wertvoll und edel ist. Amen.

Gebet

Geliebter Engel der Ewigkeit, lehre uns, zwischen dem Dauerhaften und dem Flüchtigen zu unterscheiden. Hilf uns, die Mitte unserer Seele zu finden, nicht die vergänglichen Wellen, die über uns hinwegspülen. Zeige uns, was in uns wahr und ewig ist, losgelöst von dieser Welt des unaufhörlichen Wandels. Amen.

LAUBHÜTTENFEST

Sukkot, das jüdische Laubhüttenfest, wird vom Engel der Ewigkeit regiert. Die nomadischen Israeliten wurden mit dem Gelobten Land belohnt, denn Gott sorgt für jene, die ihm vertrauen. Der einzige sichere Hafen auf dieser Welt des Streits und des Wandels ist die Liebe des Herrn, die in unserem Herzen wirkt.

15. bis 21. Tischri (im September oder Oktober)

Sukkot ist eines der drei Pilger- oder Erntefeste. Es ist das fröhlichste biblische Fest, an dem wir Gottes Fülle und Schutz feiern, symbolisiert durch die zerbrechlichen Hütten oder Zelte, in denen die Israeliten während ihrer Wanderung durch die Wüste hausten. Fromme Juden essen und wohnen während der sieben Tage von Sukkot in einer Laubhütte, um an den Auszug aus Ägypten zu erinnern.

Die Kinder Israels vertrauen Gott voll und ganz. Vierzig Jahre in der Wildnis waren der Preis für ihre Freiheit. Jede Nacht verbrachten sie an einem anderen Ort, ohne zu wissen, was der folgende Tag ihnen bringen würde. Diese Prüfung läuterte sie und bereitete sie auf den Einzug ins Gelobte Land vor. Aus Nomadenstämmen wurde ein Volk, das fest an Gott glaubte.

Sukkot steht unter der Schirmherrschaft des Engels der Ewigkeit, der uns Gottes ewige Liebe verspricht. Viele Menschen streben nach weltlicher Sicherheit – Reichtum, Macht und Erfolg – anstatt nach dem Unvergänglichen in ihnen selbst. Wenn wir den unsterblichen Funken des Göttlichen in uns entfachen, sind wir allen Herausforderungen des Lebens gewachsen.

MEDITATION

Denken Sie darüber nach, was in Ihnen unvergänglich ist. Es ist nicht der Körper, denn er altert, nicht die Gefühle, denn sie wechseln wie der Wind, und auch nicht die Gedanken, die sich unaufhörlich ändern. Es gibt etwas in Ihnen, das sich niemals wandelt, das weder geboren wird noch stirbt und daher sagen kann: ICH BIN DER ICH BIN. Wenn Sie sich dieses unsterblichen Aspektes bewusst sind, bleiben Sie immer mit Gott verbunden.

ALLERHEILIGEN

1. November

Dieser Festtag, den der Engel der guten Taten regiert, feiert die selbstlose Liebe und den Mut der christlichen Heiligen und Märtyrer.

Am Vorabend von Allerheiligen gehen böse Geister um. In den Heiligen strahlt dagegen das Licht, das in uns allen ist, besonders hell. Gute Taten helfen uns, dieses Licht zu sehen und zu erkennen, dass wir alle wertvoll sind. Verständnis und Wissen können bleibende Eindrücke hinterlassen. Wenn wir einander helfen, werden wir zu Partnern, welche die Schöpfung vervollkommnen.

Gebet

Engel der guten Taten, sei uns ein Beispiel und zeige uns unser Potenzial, damit das Gute, das schlichte Taten bewirkt, uns ganz macht und segnet, erleuchtet und heilt. Erinnere uns daran, dass wir Freunden und Angehörigen, Fremden und Ausgestoßenen helfen müssen. Wir können so viel Gutes tun. Zeige uns, wie wir einander beistehen können. Amen.

MEDITATION

Denken Sie darüber nach, wie oft Sie Gutes tun können. Schon eine kleine, scheinbar unbedeutende Tat kann viel bewirken. Es ist auch eine gute Tat, wenn Sie Ihren Geist leuchten lassen und anderen ein Lächeln schenken.

ALLERSEELEN

2. November

Diesen Tag des Gebets regiert der Engel des göttlichen Geistes. Wir bekräftigen unsere Verbindung mit den Verstorbenen und damit unser unsterbliches Wesen.

Gebet

Engel des göttlichen Geistes, heute denken wir an unsere lieben Verstorbenen, deren Vorbild uns ermutigt, bessere Menschen zu werden. Hilf uns, ihren Geist durch gute Taten lebendig zu erhalten. Der göttliche Geist lebt ewig in jeder liebevollen Tat. Wir danken allen, die uns Liebe und Fürsorge geschenkt haben. Amen.

An Allerseelen denken wir an die Toten, an die Seelen der einfachen Gläubigen, die weder Heilige noch Sünder sind. Im Laufe der Zeit verblassen diese Erinnerungen, und wir müssen uns bewusst vor Augen führen, was die Verstorbenen uns bedeutet haben. Das Gedenken an unsere Angehörigen, alten Freunde und alle, die uns nahe standen, hält ihren Geist am Leben. Wenn wir uns an ihr Lachen, ihre Geduld und ihre Hilfe erinnern, wecken wir diese Tugenden in uns selbst.

Wir alle kennen Menschen, die einen bleibenden Eindruck auf uns gemacht haben. An diesem Tag zünden wir eine Kerze für sie an, lesen aus der Schrift und beten. Das hilft uns, ihren und unseren göttlichen Geist zu läutern. Liebe ist unvergänglich; sie bleibt für immer in unserer Seele.

MEDITATION

Welche Menschen, die Ihnen nahe standen, sind bereits verstorben? Es können Angehörige, Freunde und Lehrer sein – alle, die Ihnen Mut, Kraft, Humor oder Liebe gegeben haben. Danken Sie Ihrem unsterblichen Geist. Diese Menschen waren ein Segen für Sie.

LICHTFEST

25. Kislew bis 2. Tewet
(November oder Dezember)

Der Schirmherr des jüdischen Lichtfestes ist der Engel der Wunder. Dieser Tag erinnert an die Reinigung und neue Weihe des Tempels nach der Vertreibung der heidnischen Griechen und an das Wunder der ewigen Flamme. Chanukka (hebräisch für „Hingabe“) zeugt vom Triumph der Wahrheit und der Reinheit über das Falsche.

Chanukka ist das achttägige jüdische Lichtfest. Es erinnert an die neue Weihe des Tempels zu Jerusalem durch die siegreichen Makkabäer im Jahr 165 v. Chr. Der hellenistische syrische Herrscher Antiochus Epiphanes hatte den Tempel entweiht. Als die Juden die Menora, den siebenarmigen Leuchter, anzünden wollten, fanden sie nur einen kleinen Krug mit rituell reinem Öl. Doch es geschah ein Wunder. Das Öl, das für einen Tag reichte, brannte achte Tage lang, so lange, wie es dauerte, neues und reines Öl zu bereiten.

An dieses Wunder erinnert die achtarmige Chanukka-Lampe, deren Kerzen nacheinander an jedem Abend angezündet werden. Wer rein ist, dessen Licht strahlt heller, als er es selbst für möglich hält. Für die Kabbalisten des Mittelalters waren die Chanukka-Lichter eine Manifestation des verborgenen Lichtes ihres Messias.

Chanukka wird mitten im Winter gefeiert und vom Engel der Wunder regiert. Das Lichtwunder will uns also sagen, dass unser inneres Licht ewig ist und dass kein tragisches Ereignis es auslöschen kann. Das hilft uns, stark zu werden und klare Ziele zu setzen. Auch wir sind ein Wunder der göttlichen Liebe, und die Flamme der Seele erstirbt nie.

MEDITATION

Denken Sie an das Wundersame, das sich jeden Tag in Ihrem Leben ereignet. Wie viel Gutes wird Ihnen zuteil, obwohl Sie sich mit Negativem umgeben? Wie viele Menschen werden jeden Tag vom Wunder der Liebe geheilt? Wie viele alltägliche Wunder ereignen sich in Ihrem Leben und in Ihrem Beruf, ohne dass Sie dafür dankbar sind?

Gebet

*Engel der Wunder,
wie oft hast du uns
mit deinem Licht
gesegnet, ohne dass
wir es gesehen
haben? Hilf uns, die
Gaben zu sehen, die
du uns von unserem
himmlischen Vater
bringst. Wunder
geschehen jeden Tag,
und dennoch
erkennen wir nicht,
dass Gott die Welt
heilen kann. Lehre
uns, für die zahllosen
kleinen und großen
Wunder dankbar zu
sein, die jeden Tag
dazu beitragen, dass
wir ganz und heil
bleiben.
Amen.*

ADVENT

Im Advent warten wir auf die Ankunft Christi, geleitet vom Engel der Erwartung. Wir freuen uns darauf, Christi Geburt zu feiern, und wir denken daran, dass seine zweite Ankunft am Ende aller Tage noch bevorsteht. Wir erinnern uns also nicht nur an das irdische Leben Jesu, sondern nehmen auch seine Wiederkunft als Erlöser vorweg.

Im Westen der Sonntag, der dem 30. November am nächsten ist. Im Osten der 15. November

Das christliche Jahr beginnt am Adventssonntag, am vierten Sonntag vor Weihnachten. Die folgenden vier Wochen bis zum Fest nennen wir Advent. Das lateinische Wort *adventus* bedeutet „Ankunft". Dies ist eine Zeit der spirituellen Vorbereitung, nicht nur auf die Ankunft Christi zu Beginn der christlichen Ära, sondern auch auf seine Rückkehr am Ende dieser Welt. In der römisch-katholischen Kirche wird der Advent mit Kontemplation und Enthaltsamkeit begangen. Die Leute zünden Adventskerzen an, und Krippenspiele werden aufgeführt.

Dieses Fest im härter werdenden Winter regiert der Engel der Erwartung. Er kündigt die Wiederkehr des Lichts an, symbolisiert durch die Geburt des Christkinds. Wir zählen die Tage bis zu diesem Ereignis, bis wir schließlich ebenfalls im Licht der inneren Reinheit neu geboren werden.

Der Advent ist eine Zeit des Nachdenkens. Wir wenden uns unserem inneren Licht zu und finden dort die selbstlose Liebe für die Menschheit, die wir an Weihnachten feiern. Wir zeigen unsere Liebe durch Geschenke und versuchen, das Leid der Bedürftigen zu lindern. Wir feiern die Unschuld und die Reinheit des heiligen Kindes, die im Advent aus allen Herzen strahlen.

MEDITATION

Denken Sie an Ihre Kindheit und an Ihre langen Wunschzettel. Haben Sie bekommen, was Sie erhofften? Öffnen Sie Ihr Herz für die Armen und Leidenden, die keine Hoffnung haben, dass Weihnachten für sie eine bessere Zeit wird als der Rest des Jahres. Denken Sie daran, dass jetzt die Zeit gekommen ist, durch Güte und Großmut mehr Licht in die Welt zu bringen.

Gebet

*Engel der Erwartung,
du forderst uns auf,
die Ankunft des
Lichts zu preisen, und
erinnerst uns daran,
dass Geben seliger ist
als Nehmen.
Hilf uns, diese
Jahreszeit mit
fröhlichem Herzen zu
feiern. Denke an die
Unschuld in uns
allen, und hilf uns,
unsere Wünsche zu
zügeln. Zeige uns,
wie wir das Licht
Christi in einer
dunklen Welt stärken
können.
Amen.*

WEIHNACHT

25. Dezember

Der Geburtstag Christi, des Mensch gewordenen Schöpfers, ist einer der fröhlichsten Tage im christlichen Jahr. Unter der Schirmherrschaft des Engels des göttlichen Lichts feiern wir den Tag, an dem das Wort Fleisch wurde und Gott als reines, unschuldiges Kind in die Welt kam, um uns mit seiner unendlichen Liebe zu erlösen.

An Weihnachten feiern wir die Geburt Jesu Christi vor zweitausend Jahren. Es ist einer der heiligsten Tage des christlichen Jahres; denn für die Gläubigen ist Jesus der Mensch gewordene Gott und das Licht der Welt. Er hat für die Menschen gelitten und die Sünde und den Tod besiegt, indem er sich selbst opferte. Er kam in die Welt, um sie zu erlösen.

Der Zeitpunkt des Festes spiegelt die heidnische Vergangenheit wider. Im alten Rom feierte man die Wintersonnenwende und die Geburt der unbesiegbaren Sonne am 25. Dezember, und die Kirchenväter machten daraus das Fest der „Sonne der Gerechtigkeit".

An Weihnachten nimmt das göttliche Licht auf dieser Welt menschliche Gestalt an, um das Herz und den Geist der Menschen zu erwecken. Dieses Wunder ist ein Beweis für Gottes Liebe. Wir jubeln mit dem Engel des göttlichen Lichts, denn die Hoffnung auf das ewige Leben wurde geboren und unser innigster Wunsch erfüllt.

MEDITATION

Denken Sie über das heilige Kind nach, das vertrauensvollen Eltern in einem Stall geboren wurde. In einer Welt des Streites wurde dieses Kind für die Menschheit zum lebendigen Beispiel für die Nutzung des spirituellen Potenzials. Hat nicht jedes Kind dieses göttliche Potenzial? Suchen Sie das Kind in sich selbst, den reinen, unschuldigen Teil von Ihnen, der Liebe, Fürsorge und Respekt braucht. So verbinden Sie sich mit dem inneren göttlichen Licht.

Gebet

Geliebter Engel des
göttlichen Lichts,
erleuchte unseren
Geist und läutere
unser Herz. Hilf uns,
dein Geschenk –
das ewige Leben –
mit Freude
anzunehmen.
Du öffnest die Tür
zum göttlichen Licht,
und wir empfangen
es fröhlich. Heile uns,
damit wir zur
Heilung der ganzen
Welt beitragen
können.
Amen.

MARIÄ LICHTMESS

2. Februar

Der Engel der Ehre ist Schirmherr über Mariä Lichtmess, auch Mariä Reinigung genannt. Simeon erkennt und verehrt das Jesuskind als den Messias und fordert uns damit auf, alle Manifestationen des göttlichen Lichts in der Welt und in uns selbst zu ehren.

Als Maria und Josef den kleinen Jesus in den Tempel zu Jerusalem brachten, um ihn dem Herrn zu weihen, wie es damals Brauch war, erkannten Simeon und die Prophetin Anna ihn als den verheißenen Messias. Das Wort Lichtmess erinnert an die Kerzenprozession vor der Messe und damit an das wahre Licht, das in die Welt gekommen ist.

Das göttliche Licht lebt in uns allen. Es ist der Glanz unseres wahren Wesens, das nach Ganzheit strebt und das Leben liebt. Wenn wir an diesem Tag unser inneres Licht anzünden, ehren wir das Selbst und versprechen, unserem spirituellen Streben treu zu bleiben, unser wahres Selbst zu lieben und für Wahrheit und Gerechtigkeit einzutreten.

An Mariä Lichtmess ehren wir alle Menschen, die ein höheres Ziel haben oder für ihren Glauben gemartert, eingekerkert oder getötet wurden. Wenn wir das göttliche Licht des Selbstes ehren, sind wir bereit zu verteidigen, was wir als wahr erkannt haben.

MEDITATION

Denken Sie über die Ehre nach. Für welche ehrbaren Ziele sind Sie eingetreten, und welche Menschen kennen Sie, die ehrbar leben? Haben Sie je eine Entscheidung getroffen, die Sie Ihrem höchsten Ziel näher brachte? Wenn Sie wissen, was ehrbar und wertvoll ist, reagieren Sie anders auf Menschen und schwierige Situationen. Sie wissen, dass Sie immer den richtigen und ehrbaren Weg wählen, wenn Sie Entscheidungen treffen müssen.

Gebet

*Engel der Ehre, segne uns mit der Bewusstheit,
die du in diese dunkle Zeit bringst.
Erleuchte unseren Geist, damit er den Weg
nach oben findet. Hilf uns, für die Prinzipien
einzutreten, die wir als richtig erkannt haben,
und nimm uns die Angst im Angesicht der
Gefahr. Führe uns auf dem Weg nach Hause
zum inneren Licht, und hilf uns,
unserem Geist Ehre zu erweisen.
Amen.*

JOM HASCHOA

Der Engel der Erinnerung präsidiert über den Holocaust-Gedenktag. Das Martyrium der Juden während des Nationalsozialismus wirft schwierige Fragen zum Wesen des Menschen und zur göttlichen Vorsehung auf. Es ermahnt uns, nach Weisheit, Liebe und Mitgefühl zu streben.

27. Nissan (April)

Dieser jüdische Gedenktag erinnert an den Völkermord an den europäischen Juden während des Nationalsozialismus. Der Ausdruck „Holocaust“ bezieht sich auf eine organisierte, ausgeklügelte Massentötung, wie es sie nie zuvor auf dieser Welt gegeben hat. Im jüdischen Kalender ändert sich das Datum dieses Tages von Jahr zu Jahr, denn er fällt mit dem 19. April zusammen. Am 19. April 1943 brach der Aufstand im Warschauer Ghetto aus.

Können wir nach dem Holocaust noch an einen gütigen Schöpfer glauben? Wie konnten Menschen so sehr gegen unsere höchsten Prinzipien verstoßen und die Gottheit in uns leugnen? Wer den göttlichen Funken in seinem Inneren löscht, fällt in einen Abgrund. Wahre Selbsterkenntnis muss der menschlichen Verderbtheit Rechnung tragen. Wir dürfen nie vergessen, wessen wir fähig sind; nur dann können wir uns dem inneren Licht zuwenden und tieferes Verständnis erlangen.

An diesem feierlichen und kathartischen Tag denken wir an das unvorstellbare Leid, das Hass und Unwissenheit hervorbringen. Wir müssen die Vergangenheit verstehen, damit wir in der Gegenwart leben und uns mit der Welt versöhnen können. Darum ist dieser Tag dem Willen zum Leben geweiht. Wenn wir verbittert in der Vergangenheit leben, die wir nicht ändern können, nutzen wir das Potenzial der Gegenwart nicht.

Denken wir auch an diesem Tag an die Freude, Güte und Liebe, die wir von anderen Menschen erfahren haben. Erst wenn wir bereit sind, neues Leben, neue Liebe und neue Freude zu finden, können wir das Wesen des Menschen begreifen.

Gebet

*Gesegneter Engel der Erinnerung,
leuchte mit deiner Kerze in die Vergangenheit,
und erinnere uns daran, das wir versuchen
müssen, das Wesen des Menschen zu
verstehen. Lehre uns, Liebe, Güte und Freude
zu schätzen, und hilf uns, unsere Wunden zu
heilen. Heile auch unser Herz, damit wir
bewusst in der Gegenwart leben und unser
Leben voll auskosten können.
Amen.*

MEDITATION

Lösen Sie sich von bösen Erinnerungen, indem Sie jenen vergeben, die Ihnen Unrecht getan haben. Verabschieden Sie sich von alten Bindungen, die Ihnen die kostbare Gegenwart stehlen. Grübeln Sie nicht über Ereignisse, die ein Gefühl des Verlustes und der Trennung in Ihnen wachrufen. Je vollständiger Sie in der Gegenwart leben, desto größer sind Ihr Verständnis und Ihre Versöhnungsbereitschaft. Das ist der Weg zur Heilung. Sie haben die Wahl.

Die hohen Prinzipien

Engel sind die Boten der hohen Prinzipien, der unwandelbaren Gesetze der Schöpfung, symbolisiert durch Schechina, Jesus und die Jungfrau Maria. Dank dieser Prinzipien können wir lieben, uns selbst akzeptieren und das Leben genießen.

Im Himmel gibt es eine dreistufige Hierarchie, die sich nach der Größe der Liebe und der Tiefe des Bewusstseins richtet. Auf jeder Stufe gibt es drei Arten von Engeln. Auf der höchsten Ebene, im Himmel der Formen, finden wir die Liebe, den Schutz und die Führung der Erzengel, unseres Schutzengels und der Engelfürsten, die über bestimmte Regionen der Erde herrschen.

Der Himmel der Schöpfung ist mit der zarten, barmherzigen Energie der Mächte, Tugenden und Herrschaften gesegnet. Diese Engel beeinflussen unsere spirituelle Entwicklung und bringen uns Frieden und Harmonie. Sie helfen uns, uns selbst zu akzeptieren, unser Herz der Liebe Gottes zu öffnen, Verluste zu ertragen und zu vergeben.

Die Schechina, der weibliche Aspekt der Gottheit, herrscht über die himmlischen Heerscharen; durch sie manifestiert sich die Schöpfung. Der Himmel steht im Kontakt mit der materiellen Welt, und durch die Inkarnation Jesu Christi wurden beide eins. Die hohen Prinzipien drücken sich also im Geist und im Fleisch aus. Jesus und Maria bezeugen, dass Gott in unserer Welt wohnt und dass wir unsere höchsten Wünsche erfüllen können. Ihr Beispiel bringt die Liebe und die Führung der Engel in unseren Alltag.

DIE SCHECHINA, DIE BRAUT DES HERRN

Im jüdischen Glauben manifestiert sich Gott in Form eines Lichtwesens in der Welt. Die Schechina („das Innewohnende“) ist der weibliche Aspekt Gottes, der uns Frieden und Segen bringt. In biblischer Zeit wurde damit der Glanz bezeichnet, den die göttliche Quelle ausstrahlt. Die Schechina galt damals als Himmelsbote, später als Heiliger Geist. In der Kabbala ist sie die mystische Braut des Herrn, die Gnade in die niederen Welten sendet. Sie ist auch die Sabbatbraut, welche die Einheit zwischen Mann und Frau segnet; denn wer Liebe in diese dunkle Welt bringt, erfüllt den Willen Gottes. Da wir einen göttlichen Funken in uns tragen, beeinflusst unser Tun die ganze Schöpfung. Wenn wir tugendhaft leben, tragen wir dazu bei, die Schechina mit Gott zu vereinigen und uns selbst auf eine höhere Ebene zu schwingen. Öffnen wir also unser Herz für die Freude und den Trost, die sie bringt; feiern wir das Leben, und bilden wir aus unserem männlichen und weiblichen Aspekt ein harmonisches Ganzes.

MEDITATION

Denken Sie über Ihre passive und empfängliche Seite nach. Öffnen Sie sich dem Segen des Universums, und drücken Sie Ihre Dankbarkeit durch Milde und Güte aus. Unsere Welt wird von starker, nach außen fließender männlicher Energie dominiert; darum sollten Sie den weiblichen Aspekt Ihrer Seele schätzen lernen, denn er bringt Gleichgewicht, Ganzheit und Harmonie in Ihr Leben.

Gebet

Geliebte Schechina, erinnere uns an die empfängliche Seite Gottes. Tröste und heile unser Herz. Hilf uns, den sanften Aspekt unseres Wesens zu akzeptieren und unsere weibliche Seite dankbar anzunehmen, damit wir ganz werden. Amen.

Gebet

Geliebter Jesus, Herr Gott, wir wenden unser Herz und unsere Gedanken zu dir, um deine Kraft in uns zu spüren. Hilf uns, die Liebe und Heilung in uns selbst zu finden, deren Symbol du bist. Lehre uns, dich durch unser höheres Selbst zu entdecken, damit wir in Gnade und Demut wachsen und wie du im Geist der Vollkommenheit leben. Hilf uns, deine bedingungslose Liebe zu akzeptieren, denn sie befreit uns vom inneren Kampf. Empfange uns, tröste uns und hilf uns, unser höchstes Potenzial zu erfüllen. Nimm unsere Dankgebete an, und lass uns werden, was wir sein sollen. Amen.

JESUS CHRISTUS, DER HERR DES HIMMELS UND DER ERDE

Jesus kam zu uns, um unsere Sehnsucht zu stillen. Er verkörpert das höchste universelle Prinzip: die bedingungslose Liebe. Er ist das Wort, das Fleisch wurde. Er wurde geboren, lebte und starb, damit der menschliche Geist sich entwickeln und auf eine höhere Bewusstseinsebene steigen kann. Seine Fleischwerdung und seine Kreuzigung erlösen uns von der Sünde und stellen unsere Verbindung mit Gott wieder her. Das Licht seiner Liebe hat uns aus der

Dunkelheit befreit. Jesus ist ein Vorbild der Vollkommenheit, dem wir nacheifern können. Sein Geist lebt in uns als die Quelle des Guten, des Lichts und der Freude, und darum können wir ganz und heil werden. Wenn wir uns auf das höchste Prinzip einstimmen, geben wir unserem Leben ein festes Fundament.

Der beste und edelste Teil unseres Selbstes, das Christuslicht in uns, bringt uns in Sicherheit, wenn wir vom rechten Weg abirren. Wir beten zu Christus und bitten um Führung und Schutz, um Liebe und Heilung.

Wenn wir das Christuslicht in uns leuchten lassen, erwerben wir die Eigenschaften, die Jesus verkörpert. Er lebt im ewigen Teil unseres Selbstes. Auf der irdischen Ebene zeigt uns das göttliche Prinzip, das in uns wohnt, den Weg zum Spirituellen.

Christus unterstützt uns beim Lernen. Er ist der höchste Lehrer und Tröster, unsere Hoffnung und unsere Zuflucht. Wir danken ihm und überwinden Angst und Zweifel auf dem Weg, der vor uns liegt.

Wir müssen demütig sein und daran glauben, dass Gott seinen Sohn geopfert hat, damit wir wachsen können. Christus ist das Symbol der Vollkommenheit, der Ganzheit und der Macht Gottes. Wir werden zu spirituellen Wesen, wenn wir die Saat der Vollkommenheit annehmen, die er in uns gepflanzt hat.

MEDITATION

Suchen Sie den Ort, an dem Christus in Ihnen lebt. Suchen Sie in Ihrem höheren Selbst und in Ihrem Herzen. Sie brauchen nicht weit zu gehen – schauen Sie einfach in sich hinein. Dort, wo das Christuslicht scheint, finden Sie die Worte ICH BIN DER ICH BIN, die der brennende Busch dem Moses offenbarte. Dies ist Ihr wahres Wesen.

DIE SELIGE JUNGFRAU MARIA, DIE MUTTERGOTTES

Gebet

Heilige und geliebte Mutter aller Menschen, du hast dich dem Willen Gottes gebeugt und die Frucht unserer Erlösung getragen. Du hast einen höheren Willen befolgt, damit die Menschheit gerettet werde. Setze dich ein für uns, damit wir geheilt werden. Erhöre unsere demütige Bitte um Gnade, Liebe und Mut.
Amen.

Die gesegnete Jungfrau Maria, die Mutter Christi, verbindet uns mit dem ewigen weiblichen Prinzip in uns. Sie verkörpert Wahrheit, Freude und Opfer. In der römisch-katholischen Kirche ist sie die höchste der Heiligen und wird als die Frau verehrt, die auserkoren wurde, das Licht der Welt zu gebären. Maria erfleht göttliche Gnade für uns. Wenn wir unser Herz läutern, öffnet sie für uns die Tür zum Göttlichen. Man nennt sie Königin der Engel, Muttergottes, die unbefleckt Empfangene, den Elfenbeinernen Turm, das Haus aus Gold, die mystische Rose und das Himmelstor.

Wir ehren Maria als Archetyp der großen Mutter. Sie ist die Göttin der Fruchtbarkeit, der Heilung und der Liebe, das magische Weibliche, nach dem wir streben. Sie ist die Quelle wundersamer Heilungen, und sie erscheint jenen, die reinen Herzens sind, in Augenblicken der Dunkelheit und bringt ihnen Hoffnung und den Trost des göttlichen Wortes. Ihre Heiligtümer locken auf der ganzen Welt Heerscharen von Pilgern an.

MEDITATION

Denken Sie über die Aspekte des Mütterlichen nach, die Sie am meisten schätzen: Liebe, Trost oder Gnade. Bewahren Sie den Geist der heiligen Mutter im Herzen. Spüren Sie die Güte, die Reinheit und die Liebe tief in Ihrem Inneren. Maria musste den Tod ihres Sohnes miterleben und verlor dennoch nicht ihr Vertrauen zu Gott. Trotz ihres Kummers ließ sie ihren Sohn zum Vater gehen. Diese große Liebe kann Ihnen Vorbild und Heilung sein.

Frühling

Der Frühling symbolisiert Neubeginn und Geburt. Das Licht kehrt in die Welt zurück, und überall blüht neues Leben.

Die Frühlings-Tagundnachtgleiche am 21. März bringt die heilende Kraft des Erzengels Raphael in die Welt.

Die Frühlings-Tagundnachtgleiche ist der verheißungsvollste Tag des Jahres. Er liegt in der Mitte zwischen Winter und Sommer, und die Sonne überquert auf ihrer Reise zu uns die Äquatorebene, so dass Tag und Nacht gleich lang sind. Danach werden die Tage länger, die Erde erwärmt sich, und neues Leben sprießt überall. Wenn unsere Hemisphäre ins Licht getaucht wird, haben wir Zeit für die Schönheit, das Spiel und die Freude. Das Leben wird in materieller und in spiritueller Hinsicht leichter.

An diesem Tag sind die Energien der Erde ausgewogen, Dunkelheit und Licht sind gleich stark. Jetzt sollten wir das Alte loslassen und das Neue umarmen. Wir schließen die Tür vor den kalten, düsteren Wintertagen und freuen uns auf die warmen, Licht erfüllten Tage des Sommers. Neue Lebenskraft strömt durch unsere Adern.

Wichtige religiöse Feiertage wurden in diese Zeit verlegt. Ostern und Passah richten sich nach der Nacht des ersten Vollmondes, der diesem Tag folgt; dann kommen Pfingsten und Schawuot. Das uralte Wissen um den Zyklus der Erde ist der Ursprung dieser Feste.

In dieser Zeit danken wir Gott für die Erlösung von den Problemen unseres Lebens und heißen einen neuen Lebenszyklus willkommen, der uns Erneuerung, Wachstum und Heilung bringt.

MEDITATION

Atmen Sie ruhig, und richten Sie den Blick nach innen. Nehmen Sie Kontakt mit Raphael auf, der uns Gottes heilendes Licht bringt. Was bedeutet „Heilung“ für Sie, und woran würden Sie sie erkennen? Stellen Sie sich vor, wie diese Energie in Sie hineinfließt und Ihnen gibt, was Sie brauchen. Öffnen Sie sich der göttlichen Kraft, die sich als Gesundheit manifestiert.

Gebet

*Geliebter Raphael,
wir danken dir für
unsere Gesundheit
und unser
Wohlbefinden.
Dankbar empfangen
wir deinen Segen und
Gottes Liebe. Wir
freuen uns über die
Rückkehr unserer
Lebenskraft dank
deiner heilenden
Liebe. Versetze uns
wieder in den Stand
der Gnade und
läutere unser Herz,
damit wir die Freude,
Liebe und Heilung
aufnehmen können,
die Gott uns schenkt.
Amen.*

Der Erzengel Raphael

Raphael ist die erneuernde Lebenskraft, die Gott uns schenkt. Sein Name bedeutet „Gott heilt". Er reist auf den Flügeln des Windes und bringt uns Gottes Liebe. Heilung kann Wissen sein, aber auch Energie, die uns ganz macht. Raphael hält eine Tafel in der Hand, auf der Gottes Name geschrieben steht, und sein Symbol ist die Schlange. Er ist einer der sieben heiligen Engel, die den Thron Gottes umringen, und er herrscht über die zweite Ebene des Himmels. Zum ersten Mal begegnen wir ihm im Buch Tobias, wo er Tobias mit der Asche einer Fischblase von seiner Blindheit heilt. Darum wird er oft mit einem Fisch abgebildet. Im Buch Enoch ist er einer der Wächter, und er hat Macht über die Krankheiten und Wunden der Menschen. Nach dem Sohar heilt er die Erde, damit wir darauf wohnen können. Er ist der Hüter des Lebensbaumes im Garten Eden, und er besitzt ein Buch, in dem alle Arzneien stehen, die Gott uns gegeben hat. Man nennt ihn auch Engel der Sonne und Engel des Wissens.

Wir rufen Raphael an, wenn wir körperlich oder seelisch krank sind. Er hilft uns mit Arzneien aller Art und lehrt uns, dass wir ein Teil des Ganzen sind und dass Trennung die Ursache jeder Krankheit ist. Er segnet Heiler, Ärzte, Krankenschwestern und alle, die Leidenden helfen.

	Widder **21. März – 20. April**	*Stier* **21. April – 20. Mai**	*Zwillinge* **21. Mai – 21. Juni**
ELEMENT	Feuer	Erde	Luft
FARBE	Rot	Rotorange	Orange
PLANET	Mars	Venus	Merkur
KÖRPERTEIL	Kopf, Gesicht	Hals	Arme, Schultern
ENGEL	*Engel der Erneuerung*	*Engel der irdischen Wünsche*	*Engel der Inspiration*
FESTE	OSTERN *Engel der Auferstehung* PASSAH *Engel der Erlösung*		PFINGSTEN *Engel der Dankbarkeit* SCHAWUOT *Engel der Stärke*
ENGEL DER WOCHE			
1. WOCHE	*Engel der Wiedergeburt*	*Engel der Vitalität*	*Engel der Transformation*
2. WOCHE	*Engel des Glaubens*	*Engel der Fülle*	*Engel der Feierlichkeit*
3. WOCHE	*Engel der Hoffnung*	*Engel der Schönheit*	*Engel der Freude*
4. WOCHE	*Engel des Vertrauens*	*Engel der Weisheit*	*Engel der Erholung*

Widder

21. März bis 20. April

ELEMENT: *Feuer*

FARBE: *Rot*

PLANET: *Mars*

FESTE: *Ostern*
Passah

ENGEL: *Engel der Erneuerung*

Der Engel der Erneuerung entspricht dem ersten Tierkreiszeichen, dem Widder. Jetzt sprießt neues Leben aus der Erde, in der es im Winter geschlummert hat. Die Macht des Feuers, symbolisiert vom grimmigen Planeten Mars, und die zunehmende Lebenskraft leiten natürliche Energie in unseren Geist, und wir spüren die Kraft Gottes in der ganzen Schöpfung und in uns selbst.

In dieser Jahreszeit drückt sich die Fülle des Lebens in endlosen Formen und sich entfaltenden Mustern aus. Neues Leben fließt durch unsere Adern, und wir spüren den Engel der Erneuerung. Er bekräftigt unser Recht auf Leben, Freude und Frieden. Er hilft uns, unser Leben auf einem gesunden Fundament aufzubauen und Vertrauen und Hoffnung zu schöpfen – denn das Leben ist seinem Wesen nach gut.

Gebet

*Engel der Erneuerung, hilf uns,
wieder Freude am Leben zu finden
und Zweifel, Ängste und schlechte
Gewohnheiten abzulegen, die
unser Wachstum hemmen.
Stärke, was in uns schwach und
ängstlich ist. Leite Energie in
unseren Körper, unseren Geist und
unsere Seele, damit wir unsere
Aufgabe erfüllen und unsere
Sehnsucht nach Ganzheit stillen
können. Wir danken dir
für unsere neue Kraft.
Amen.*

MEDITATION

Spüren Sie, wie Ihr Herz mit jedem Atemzug weiter wird. Entspannen Sie Ihre Seele, und begrüßen Sie das Leben. Öffnen Sie sich mit jedem Atemzug Ihrer Lebenskraft.

Müssen Sie Ihre Hingabe an das Leben erneuern? Sind Sie der beste Mensch, der Sie sein können? Sie können sich erneuern, wenn Sie bekräftigen, dass Sie das Leben so nehmen, wie es ist.

Engel der Woche

Die grünen Sprossen des Frühlings kündigen spirituelle Erneuerung an.

ERSTE WOCHE

DER ENGEL DER WIEDERGEBURT

Die Wiedergeburt ist das zentrale Thema des Frühlings. Die Schönheit und Frische des neuen Lebens macht uns bewusst, dass das Leben ewig ist und dass unsere Seele niemals stirbt. Dieses Wissen stammt aus unserer inneren Quelle, in der das Leben ständig neu geboren wird. Wenn wir unser Ich dem höheren Selbst unterordnen, lösen wir uns von alten, starren Aspekten unseres Ichs, die uns nichts mehr nützen, und wir werden im ewigen Strom der Gnade wieder geboren, der Wandel und Wachstum ermöglicht. Wenn wir die Schichten des alten Ichs abtragen, kommt unser wahres Wesen, unser göttlicher Funke zum Vorschein. In unserer spirituellen Wiedergeburt bekräftigen wir die Liebe, das Leben und den Ruhm Gottes.

MEDITATION

Was ist in Ihnen alt, müde und starr? Atmen Sie ruhig, und visualisieren Sie diese Teile Ihres Ichs – sie werden weich und schmelzen dahin. Suchen Sie die Stelle, an der sie fixiert sind und sich nicht ändern wollen. Lösen Sie die Knoten der Verspannung und der starren Gedankenmuster, die Ihnen einreden, dass Sie immer Recht haben. Öffnen Sie sich der Freude der Wiedergeburt, die Ihr Bewusstsein erweitert.

Wiedergeburt bedeutet Verzicht auf alte, unversöhnliche Einstellungen zu uns und zum Leben. Schaffen Sie Platz für das Neue, das auf Sie zukommt.

Gebet

Engel der Wiedergeburt, wecke uns auf, damit wir sehen, dass das Leben sich endlos erneuert und unsere Seele ein Elixier des Lebens ist. Wir feiern und akzeptieren uns in jedem Stadium des Lebens. Zeige uns das Ewige und Unveränderliche, den lebendigen Geist in uns. Lehre uns, dass wir in jedem Zyklus unseres Lebens neu geboren werden. Amen.

Der Glaube versetzt Berge, heilt Kranke und macht Unmögliches wahr.

ZWEITE WOCHE

DER ENGEL DES GLAUBENS

Im Frühling erwacht die Erde aus ihrem Winterschlaf, und das Wetter wird unbeständig. In unserer inneren Welt stößt unser neues Engagement für das Leben auf Widerstände, und wir können vom Weg abkommen. Wir brauchen Glauben, um auch in unruhigen Zeiten das Ziel im Auge zu behalten. Wer im Glauben lebt, verzichtet auf Zweifel und Zynismus. Wenn wir daran glauben, dass das Leben gut ist, sehen wir das große Bild und können auch schwierige Situationen bewältigen.

Gebet

Engel des Glaubens, lehre uns, dass das Leben und das Universum gut sind. Stärke unseren Glauben, und führe uns hin zum Geist, wenn wir uns verirren. Erneuere unseren Glauben daran, dass wir das Lebensziel erreichen können, das Gott uns gesetzt hat. Amen.

MEDITATION

Was wollen Sie jetzt im Beruf, in Ihrer Beziehung, im Leben erreichen? Glauben Sie daran, dass Sie Ihr Ziel erreichen? Sie wissen zwar nicht, wie Ihre Wünsche erfüllt werden, aber Sie brauchen nur daran zu glauben, dass es geschieht. Der Glaube erspart Ihnen Zeit, Energie und Sorgen. Denken Sie daran, dass das Leben auf Ihrer Seite ist, und pflastern Sie Ihren Weg zum Ziel mit Tugend.

Hoffnung ist Teil einer gesunden Einstellung zum Leben. Sie kann Türen öffnen.

DRITTE WOCHE

DER ENGEL DER HOFFNUNG

Die Seele hört nie auf zu hoffen. Als Menschen hoffen wir, dass das Licht triumphieren wird, denn wir wissen, dass wir durch Gottes Gegenwart auf ewig mit der Macht des Guten verbunden sind. Selbst unter den ungünstigsten Umständen und wenn unsere Wünsche sich nicht erfüllen, bleibt uns die Hoffnung. Die Hoffnung kommt aus dem Herzen. Sie ist Teil unserer Sehnsucht nach dem Guten und verwurzelt in der Liebe, Güte und Freude, die wir erfahren haben und nie vergessen. Sie ist die Zuversicht, die wir dem Glauben an den Sinn der Schöpfung verdanken. Setzen Sie sich neue Ziele im Leben, und geben Sie nie die Hoffnung auf. Die Hoffnung öffnet die Tür für günstige Gelegenheiten, die Sie ergreifen können.

MEDITATION

Denken Sie an Ihre Kindheit. Haben Sie sich damals etwas so sehnsüchtig gewünscht, dass Ihr Herz gebrochen wäre, wenn Sie es nicht bekommen hätten? Haben Sie damals trotz widriger Umstände gehofft, zu gewinnen, einen Freund zu finden, geliebt zu werden oder für eine Missetat nicht bestraft zu werden?

Entziehen Sie der Situation, an die Sie sich erinnern, die Energie, und stärken Sie damit die Hoffnung, die Sie heute haben. So können Sie erreichen, was Sie seit langem ersehnen. Hoffnung ist die feste Entschlossenheit, im Leben Gutes zu schaffen.

Gebet

Geliebter Engel der Hoffnung, erfülle unser Herz immer mit Zuversicht, damit wir an eine glückliche Zukunft glauben können. Hilf uns, jenseits der Gezeiten der äußeren Wirklichkeit unser wahres Selbst zu finden: im Zentrum unserer Seele, wo die Hoffnung lebt. Lass uns immer das Beste für uns und für unsere Lieben hoffen. Amen.

Wenn wir dem Leben vertrauen, bekräftigen wir, dass es seinem Wesen nach gut ist.

VIERTE WOCHE

DER ENGEL DES VERTRAUENS

Vertrauen ist das Fundament der Hoffnung und des Glaubens. Es entsteht, wenn wir das Göttliche in uns erkennen und davon überzeugt sind, dass das Leben auf unserer Seite ist. Vertrauen ist die innere Gewissheit, dass das Leben gut ist und dass wir ein Teil des größeren Ganzen sind, immer mit ihm verbunden, stets von ihm umfasst. Diese Gewissheit gibt uns Kraft, wenn das Leben hart oder schwierig ist und wenn wir den Weg nicht mehr klar vor uns sehen. Wir vertrauen darauf, dass das Leben uns hilft zu wachsen. Selbst wenn uns nicht alles gefällt, was mit uns geschieht, wissen wir in unserem Herzen, dass alles gut ist.

Wenn wir bereit sind, unser Leben in Gottes Hand zu legen, wird er uns führen und beschützen und uns Frieden schenken. Im Gebet offenbaren wir ihm unsere Ängste und Zweifel und glauben daran, dass er letztlich alles zum Guten wendet. Das Gebet stärkt unsere Verbindung mit Gott und unsere Zuversicht, dass wir in ihm geborgen sind. Wir vertrauen uns selbst, wir vertrauen darauf, dass das Leben sich so entfaltet, wie es sein soll, und dass der Allmächtige uns in den sicheren Hafen des Himmels führt.

MEDITATION

Vertrauen Sie darauf, dass Freude und Liebe ewig sind. Dieses Vertrauen quillt aus der Tiefe Ihres Wesens. Atmen Sie in Ihr Herz, und finden Sie das Juwel des Vertrauens in seiner Mitte. Wenn Sie es gefunden haben, bekräftigen Sie Ihr Vertrauen zum Leben.

Denken Sie an das Positive, Ganze und Gute in Ihrem Leben, und halten Sie daran fest, auch wenn Zweifel und Furcht Sie überwältigen. Vertrauen Sie der ewigen Wahrheit, der Gegenwart Gottes in Ihrem Leben. Glauben Sie daran, dass alles, was geschieht, letztlich gut für Sie ist. Dieses Vertrauen wird Ihnen Türen öffnen.

Gebet

Gesegneter Engel des Vertrauens,
entzünde den Funken des Vertrauens in uns,
damit wir an Gottes endlose Liebe glauben.
Öffne uns die Tür zum Guten und zur Freude.
Stärke unser Vertrauen an das Gute in allen
Bereichen unseres Lebens. Hilf uns, dem
Heiligen Geist zu vertrauen, und lehre uns
begreifen, dass alles, was geschieht, zu
unserem Besten ist.
Amen.

Stier

21. April bis 20. Mai

ELEMENT: *Erde*

FARBE: *Rotorange*

PLANET: *Venus*

ENGEL: *Engel der irdischen Wünsche*

Der Stier ist ein Erdzeichen, das Freude am Leben symbolisiert und für eine Jahreszeit der herrlichen Farben und der grünenden Schönheit steht. Der Frühling erreicht seinen Gipfel, und das keimende Leben weckt unseren Drang nach Kreativität. Wir wollen uns auf mancherlei Weise selbst ausdrücken. Es ist Zeit, die Tiefe dieses Verlangens einzugestehen.

Dies ist eine Zeit der Regeneration, der Stabilität und des Wohlbefindens. Wir stärken unsere Beziehungen, gönnen

Gebet

Engel der irdischen Wünsche,
hilf uns, alles zu schätzen,
was wir haben, und zeige uns das
rechte Maß. Öffne uns die Augen,
damit wir den Reichtum sehen, den
wir in der inneren und äußeren
Welt besitzen. Gib uns, was wir
brauchen, um nach unseren
Wünschen zu leben und mit anderen
zu teilen. Lehre uns, mit der Fülle
umzugehen.
Amen.

unserem Heim oder unserem Arbeitsplatz neue Farben und Möbel oder tun etwas für die Gesundheit. Wir genießen unseren materiellen Besitz und schenken uns Dinge und Erlebnisse, die Spaß machen und unsere Wünsche erfüllen. Der Engel der irdischen Wünsche regiert diese Zeitphase und hilft uns, die Fülle als unser rechtmäßiges Erbe anzunehmen. Auch wir können mit unseren Händen Schöpfer sein.

MEDITATION

Denken Sie an die Menschen, die Freude in Ihr Leben bringen – an eine enge Partnerschaft oder an Freunde, die Ihre Einstellung zum Leben teilen.

Oder denken Sie an Angehörige, Haustiere oder Geschäftspartner, die Sie lieben und schätzen.

Stellen Sie sich vor, wie all diese Menschen und Tiere sich um Sie versammeln und ihr Bestes tun, damit Sie glücklich sind. Genießen Sie dieses Wohlgefühl, und denken Sie daran, dass Sie die Liebe, das Geld und die Zuwendung haben, die Sie verdienen. Vertrauen Sie darauf, dass das Gute, nach dem Sie sich sehnen, zu Ihnen kommt.

Sie haben immer genug Energie, wenn Sie lieben, was Sie tun, und tun, was Sie lieben.

ERSTE WOCHE

DER ENGEL DER VITALITÄT

Diese Jahreszeit sprüht vor Lebenskraft, und wir wollen an der natürlichen Fülle teilhaben. Wir sehnen uns danach, unsere Ziele zu erreichen, und dafür brauchen wir Energie. Diese vitale Energie ist die Summe unseres körperlichen Wohlbefindens, unseres Gefühlszustandes und unserer Kreativität. Je mehr wir also unserem Herzen folgen und uns selbst ausdrücken, je heller wir unser inneres Licht strahlen lassen, desto größer wird unsere körperliche Vitalität.

Um die Vitalität zu erlangen, die wir haben wollen, müssen wir Einstellungen ändern, die unserem Wohlbefinden schaden, zum Beispiel Zweifel und Furcht. Nichts zehrt so stark an unserer Lebenskraft wie negatives Denken. Wir sollten uns Zeit nehmen und darüber nachdenken, wie wir mit unserer Lebensenergie umgehen, und bei Bedarf eine Pause einlegen oder uns sogar eine Zeit lang vollständig von Menschen und Orten trennen, die Teil unseres Alltags sind. Je mehr wir unser inneres Selbst ehren und unserem Körper geben, was er an Ruhe, Erholung und Bewegung braucht, desto mehr nimmt unsere Vitalität zu.

Gebet

Geliebter Engel der Vitalität,
hilf uns, klug mit unserer Energie umzugehen,
damit sie uns stark und gesund macht.
Hilf uns, ein positives und nützliches Leben
zu führen und mit unserer Energie zu tun,
was wir gerne tun.
Zeige uns den Unterschied zwischen dem,
was uns gefällt, und dem, was wirklich gut
für uns ist, damit wir unsere Energie
richtig nutzen. Gib uns die Energie,
die wir brauchen, um die Aufgaben zu
erfüllen, die Gott uns stellt.
Amen.

MEDITATION

Stellen Sie sich vor, Sie hätten all die Energie, die Sie brauchen, um zu tun, was Ihnen Spaß macht: mit Freunden oder mit der Familie etwas unternehmen, schwimmen, segeln, Schi fahren, Rad fahren oder sich mit einem guten Buch unter dem Sonnenschirm entspannen. Genießen Sie, was Sie tun, und versuchen Sie, Ihr Wohlgefühl zu spüren. Wenn Sie lieben, was Sie tun, und wenn Sie mit dem ganzen Herzen dabei sind, strömt Ihnen Energie in Fülle zu.

Engel der Woche

Positive Einstellungen sind ein Magnet, der Fülle anzieht.

ZWEITE WOCHE

DER ENGEL DER FÜLLE

Ob wir an die Fülle glauben, hängt von unseren Erfahrungen ab. Wenn wir nach hohen Zielen und höchster Freude streben, kommt die Welt uns auf wundersame Weise entgegen – wir sind genug, und wir haben genug. Und jedes Mal, wenn wir ein hohes Ziel bekräftigen, bringt unsere Energie mehr gute Dinge in unser Leben.

Wir können die Welt als leer und fehlerhaft betrachten und darüber klagen, dass sie uns nicht genügend Liebe oder Geld gibt. Wir können aber auch die Fülle in der Welt sehen und uns eingeladen fühlen, daran teilzuhaben. Es liegt also an uns, ob das sprichwörtliche Glas halb leer oder halb voll ist. Nicht das, was wir haben, ruft in uns ein Gefühl des Mangels oder des Reichtums hervor, sondern unsere Einstellung zu dem, was wir haben, was wir tun und was wir sind. Was wir an materiellen und spirituellen Gütern schon haben, beweist, dass das Leben ein Füllhorn ist. Seien wir dankbar für den Segen, den wir empfangen. Dankbarkeit macht unser Leben sinnvoll, glücklich und reich.

MEDITATION

Lösen Sie sich von allen Gedanken des Mangels und der Minderwertigkeit.

Bekräftigen Sie Ihre tiefe Dankbarkeit für alles, was Sie in diesem Leben haben: materielle Güter, Beziehungen, spirituelle Einsichten und Werte, Ihre unlösbare Verbindung mit Gott. Danken Sie für all das Gute in Ihrem Leben. Sie sind viel reicher, als Sie denken!

Gebet

Geliebter Engel der Fülle, öffne uns die Augen, damit wir sehen, wie reich wir wirklich sind. Öffne unser Herz, damit wir fröhlich und dankbar die Schätze genießen, die uns gehören. Lehre uns schätzen und bewahren, was wir auf der inneren und äußeren Ebene unserer Existenz besitzen. Amen.

Schönheit ist der Spiegel dessen, was wir sind. Wir können sie nicht erwerben.

DRITTE WOCHE

DER ENGEL DER SCHÖNHEIT

Wenn wir Kontakt mit unserem wahren Selbst aufnehmen, erkennen wir, dass Schönheit eine innere Eigenschaft ist. Sobald wir uns selbst schätzen lernen, betrachten wir die Schönheit als Teil unseres Erbes. Wir werden schöner, wenn wir werden, was wir wirklich sind.

Wahre Schönheit hängt nicht vom Alter, von der Figur, vom Reichtum oder von der Rasse ab. Sie ist eine Ausstrahlung unseres wahren Wesens, die stärker wird, wenn wir uns auf unseren Wesenskern einstimmen. Schönheit ist das, was wir sind.

Wir finden Schönheit in allen Lebensformen. Alles Schöne drückt die Wahrheit seiner Existenz aus. Einerlei, ob wir einen Menschen, ein anmutiges Tier oder eine Blume schön finden, die Schönheit hallt in uns wider und fesselt uns. Wir erkennen die Schönheit, weil sie auch ein Teil unseres eigenen göttlichen Wesens ist.

Schönheit gehört zum Menschen wie seine Seele. Sie hängt nicht von der Mode, vom Zeitgeist oder von den Vorstellungen anderer ab, sondern sie ist eine innere Qualität, die gehegt und ausgedrückt werden will. Sie ist eine Ausstrahlung unseres Geistes. Dieses Licht aus unserem Wesenskern kann die Form eines Lächelns, einer warmherzigen Geste oder eines gütigen Wortes annehmen. Da Schönheit in uns allen schwingt, verbindet sie uns alle und erinnert uns an die Einheit allen Lebens und an seine Vergänglichkeit. Wir lieben die Schönheit einer Blüte, die morgen verwelkt, oder eines Schmetterlings, der nur ein paar Tage lebt, oder eines sorglosen Kindes, aus dem bald ein verantwortungsbewusster Erwachsener wird.

Äußere Schönheit dürfen wir im Augenblick genießen. Innere Schönheit bleibt für immer ein Teil der Seele. Ob wir unsere spirituelle Schönheit in der Welt ausdrücken, hängt vor allem davon ab, ob wir es wollen. Um unserer Schönheit ein Fenster zu öffnen, müssen wir unsere Befangenheit überwinden. Wir können den Engel der Schönheit anrufen und ihn bitten, uns mit der ewigen Schönheit in unserem Inneren zu verbinden. Unser Geist spiegelt das innere Licht wider, das ewig strahlt, und wir haben in jedem Leben und in jeder Situation die Möglichkeit, das Potenzial dieser Schönheit zu verwirklichen.

Gebet

Geliebter Engel der Schönheit,
führe uns vor Augen,
wie du uns siehst,
damit wir unser inneres Strahlen
als Geschenk Gottes begreifen.
Wenn andere uns sehen,
zeige ihnen unsere Schönheit,
damit ihr Geist heller und ihr Herz wärmer
werden. Hilf uns, mit unserer Schönheit zu
trösten und zu heilen.
Amen.

MEDITATION

Betrachten Sie sich mit dem geistigen Auge: Sie sind und fühlen sich schön. Halten Sie dieses Bild fest. Sehen Sie sich lächelnd, entspannt und glücklich. Spüren Sie, wie Ihre innere Schönheit zu Ihren Mitmenschen ausstrahlt. Seien Sie in der Welt das Licht, das Sie sein können. Dieses Licht ist Ihre Schönheit. Lächeln Sie, entspannen Sie sich, fühlen Sie sich glücklich und im Frieden mit sich und der Welt.

Wer Gottes Liebe spürt, kann weise Urteile fällen.

VIERTE WOCHE

DER ENGEL DER WEISHEIT

Gebet

Gesegneter Engel der Weisheit, hilf uns, unser wichtigstes Geschenk zu nutzen. Möge unsere Weisheit ein Leuchtturm sein, der uns den Weg durch die Gefahren des Lebens zeigt. Lehre uns, in jeder Situation weise zu sein. Gib unserem Denken Klarheit, unserem Herzen Mitgefühl und unseren Taten Adel. Erinnere uns daran, dass wir auf Gottes Weisheit angewiesen sind, wenn wir lieben und heilen wollen.
Amen.

Die Bibel lehrt, dass Weisheit wertvoller ist als Gold. Ohne Weisheit fehlt uns das innere Licht, das unseren Weg zu höherem Bewusstsein erleuchtet. Wir lernen nicht aus unseren Erfahrungen und sind dazu verurteilt, Fehler zu wiederholen. Wir können unser Potenzial nicht voll ausschöpfen. Weisheit erwerben wir sowohl durch positive als auch durch schmerzliche Erfahrungen. Sie ermöglicht es uns, andere und uns selbst zu beurteilen; sie dämpft unsere Impulse; und sie zeigt uns, wie wir mit dem komplexen Geflecht unserer Beziehungen umgehen sollen.

Indem wir nach Weisheit streben, entwickeln wir Verständnis, Versöhnlichkeit und Mitgefühl. Diese Tugenden befreien uns von negativen Einflüssen der Vergangenheit und helfen uns, in der Gegenwart zu leben, denn nur dort können wir unser Potenzial nutzen. Weisheit ist ein Geschenk der Reife, der Erfahrung und des Glaubens an Gottes Liebe.

MEDITATION

Bitten Sie Ihr höheres Selbst, den göttlichen Funken in Ihnen, um eine weise Einschätzung Ihres derzeitigen Lebens. Es ist weise, sich zu ändern, um freier zu werden, sich selbst ausdrücken zu können und glücklicher zu sein.

Fragen Sie Ihr höheres Selbst, was Ihnen auf Ihrem Lebensweg helfen kann. Es ist weise, verantwortungsbewusst und mitfühlend zu handeln. Wir alle haben die Aufgabe, im Laufe unseres Lebens weise zu werden, und auch Sie werden Weisheit finden, wenn Sie danach suchen. Weisheit ist ein Geschenk, das Sie sich selbst machen.

Zwillinge

21. Mai bis 21. Juni

ELEMENT: *Luft*

FARBE: *Orange*

PLANET: *Merkur*

FESTE: *Pfingsten Schawuot*

ENGEL: *Engel der Inspiration*

Die Zwillinge sind ein Luftzeichen, das Ideen, Gedanken und Pläne beeinflusst. Sie regieren eine Jahreszeit, in der die Natur so schön und lebendig ist, dass wir uns ganz natürlich nach ihr sehnen. Aber wir können all diese Schönheit nicht sehen, ohne an ihre Quelle zu denken. Diese Jahreszeit inspiriert Künstler, auf ihre bescheidene Weise die Natur nachzuahmen. Der Engel der Inspiration kommt zu uns, wenn wir offen für diese Wunder sind. Er tippt uns auf die Schulter und fordert uns auf, unsere Kreativität auszudrücken. Er ist die Muse aller schöpferisch Tätigen.

Die Zwillinge stehen für die duale Natur des Lebens. Wir sind irdische Wesen mit einem göttlichen Geist oder Mensch gewordene Geister. Die himmlischen Zwillinge erinnern uns daran, dass wir Geist und Fleisch zugleich sind. Das wird im Frühsommer besonders deutlich, wenn die Natur aufblüht und wir uns von ihr zu schöpferischem Tun inspirieren lassen. Als reife Menschen können wir diese unterschiedlichen Wirklichkeiten besser begreifen. In der Jugend fühlen wir uns mehr zum Körperlichen hingezogen, doch wenn wir älter werden, dominiert das Spirituelle. In der Mitte unseres Lebens sind wir imstande, beide Aspekte zu integrieren. Als Menschen haben wir die einzigartige Fähigkeit, auf der Erde und zugleich im Himmel zu leben.

MEDITATION

Sie können die Kanäle der Inspiration öffnen, indem Sie feierliche Barockmusik hören, mit Ihrer „falschen“ Hand malen oder zeichnen, sich auf den Rücken legen und die Wolken betrachten oder allein in die Natur gehen. Die Inspiration kommt zu uns, wenn wir uns die Mühe machen, sie einzuladen. Oft stellt sie sich ein, wenn wir glücklich sind und im Frieden mit uns selbst leben. Die größten Geister der Kunst und der Wissenschaft haben sich von der Harmonie der Engel inspirieren lassen.

Gebet

Engel der Inspiration,
sende uns Wellen
des himmlischen
Entzückens
und zeige uns das
Land der
Möglichkeiten,
wo wir auf den
Gefilden des Herrn
spielen können.
Wir danken dir für
alles, was du uns ins
Ohr flüsterst.
Wir danken dir
dafür, dass du uns
die Augen öffnest
und unsere
lebensbejahende
Kreativität weckst.
Inspiriere uns,
damit wir mehr
lieben und heilen
können.
Amen.

Gebet

Geliebter Engel der Transformation,
öffne unsere Herzen, damit wir erkennen,
wer wir wirklich sind.
Hilf uns, die Macht und die Gnade
in uns zu akzeptieren.
Verwandle unseren Geist, damit wir begreifen,
dass Gott in uns ist. Schenke uns spirituelle
Einsichten, die uns auf unserem Weg
beschützen, stärken und führen.
Amen.

MEDITATION

Welchen Teil Ihrer Persönlichkeit würden Sie gerne transformieren? Es kann Angst, Zweifel, Zynismus, Distanziertheit oder Verwirrung sein. Überlegen Sie auch, wodurch Sie diesen Aspekt Ihres Ichs ersetzen möchten. Wenn Sie sich zum Beispiel vor Veränderungen fürchten, wollen Sie vielleicht mehr Selbstvertrauen haben und robuster sein. Wenn Sie ein Zyniker sind, möchten Sie vielleicht aufgeschlossener werden. Es gibt keine Energie im Vakuum, und wenn Sie etwas Negatives loslassen, müssen Sie es durch etwas Positives ersetzen.

Transformation ist Wachstum, das zur Erleuchtung führt.

ERSTE WOCHE

DER ENGEL DER TRANSFORMATION

In dieser Jahreszeit können wir von der Schönheit der Natur profitieren. Es ist eine wundervolle Zeit für einen Urlaub oder für Ausflüge in schöne Landschaften, wo wir die Energie der Erde in uns spüren. Diese Harmonie mit der Natur fördert unsere Transformation, und wir sehen unsere Rolle in Gottes Plan klarer und zuversichtlicher.

Transformation bedeutet, dass wir uns des Ewigen und Unwandelbaren in uns bewusst werden: unserer Göttlichkeit. Wir müssen uns von Angst und Zweifeln lösen, damit unser inneres Licht hell erstrahlen kann, und wir müssen unser kleines, lokales Ich in das größere höhere Selbst integrieren, denn dort erleuchtet Gottes Heiliger Geist unser Sein. Diese Bewusstheit transformiert unser Denken und Handeln, also auch unsere Beziehungen.

Transformation bringt Freude, Heilung und Einheit. Wir bejahen das Leben auf der inneren und auf der äußeren Ebene, und wir sind uns unseres wahren Selbstes bewusst. Nutzen Sie diese Zeit, und lassen Sie das Licht der Transformation hell in Ihrem Inneren scheinen. Erkennen Sie, wer Sie wirklich sind, und ergründen Sie die Tiefen Ihres Bewusstseins. Auf diese Weise transformieren Sie alles, was Sie tun, und dürfen mit positiven Ergebnissen rechnen. Sie können die Welt von innen heraus transformieren, wenn Sie Ihre Gedanken auf den Plan Gottes einstimmen. Dazu gehört, dass Sie sich als Wesen akzeptieren, das Liebe, Güte und Respekt verdient. Mit Gottes Hilfe können Sie die Veränderungen bewirken, die Sie anstreben, indem Sie Ihr inneres Licht stärken und Gott lieben.

Wenn wir feiern, danken wir Gott für alles, was er uns gibt.

ZWEITE WOCHE

DER ENGEL DES FEIERNS

Fröhliche Feste helfen uns, Gott für das Leben und für die Menschen, die wir lieben, zu danken; außerdem erinnern sie uns an Ereignisse, die uns viel bedeuten. Wir feiern, weil wir uns gerne freuen und weil wir bekräftigen wollen, dass unser Leben sinnvoll ist. Damit bekräftigen wir auch, dass Gott im Mittelpunkt unseres Lebens steht.

Wir können mit Gesten der Großzügigkeit, Güte oder Dankbarkeit feiern. Unabhängig von der Form der Feier zeigen wir damit der Welt, dass dieser Tag für uns eine besondere Bedeutung hat. Wenn wir das Leben feiern, schließen wir die ganze Schöpfung mit ein, auch uns selbst als Gottes Kinder. Auf diese Weise öffnen wir uns der grenzenlosen Freude und Liebe.

MEDITATION

Sie sind ein Engel, der auf die Menschen hinabschaut. Sie sehen Menschen, die unglücklich sind und körperlich, seelisch oder geistig leiden, und Sie wollen ihnen helfen. Nutzen Sie nun Ihre Kreativität, und finden Sie einen Weg, Leben zu feiern und dabei Ihre Erfahrungen und die Erfahrungen Ihrer Nächsten einzubeziehen. Wenn Sie feiern, wird der Engel in Ihnen frei und macht andere Menschen ein wenig glücklicher. Sie können jeden Tag feiern, damit er für Sie und andere ein besonderer Tag wird. Was werden Sie heute tun, um das Leben zu feiern?

Gebet

Engel der Feierlichkeit, öffne unsere Herzen für die Freude in unserem Leben, damit wir die Menschen und Ereignisse feiern können, die Freude in unser Leben bringen. Zeige uns, wie wir unser Sein, unser Wissen und unsere Einzigartigkeit feiern können. Hilf uns, unsere Verbindung mit Gott zu feiern und das Leben zu lieben. Amen.

Freude ist der liebevolle Ausdruck unserer inneren Freiheit.

DRITTE WOCHE

DER ENGEL DER FREUDE

Freude ist unser natürlicher Zustand. Sie befreit uns von Hindernissen, die unsere Vitalität, unsere Bewusstheit und unsere Ehrfurcht vor dem Leben einschränken. Freude ist viel mehr als die Abwesenheit von Schmerz oder Mangel; sie bekräftigt, dass unser Leben gut und schön ist. Freude wird im Herzen empfunden und durch Lachen, Tränen, Berührungen und Dankbarkeit ausgedrückt. Es muntert uns auf, an frohe Tage zurückzudenken. Genießen wir jeden Augenblick, wenn unser Herz frei und unsere Seele unbelastet ist! Nichts bringt uns dem Zustand der Glückseligkeit, den wir Himmel nennen, so nahe wie die Freude.

MEDITATION

Denken Sie an die Augenblicke der Freude in Ihrem Leben, die Sie nie vergessen werden. Rufen Sie die Erinnerung vor Ihrem geistigen Auge wach, Denken Sie an eine Zeit, als Sie vor Freude weinten und spürten, dass Freude das heiligste aller Gefühle ist. Wenn Sie tun, was Ihr Herz zum Singen bringt, laden Sie Freude in Ihr Leben ein. Tun Sie öfter, was Sie lieben, damit Sie oft Freude empfinden können.

Gebet

Geliebter Engel der Freude, öffne unser Herz
für die Freude des Lebens,
damit wir lieben und immer bei dir
sein können. Behüte die Fröhlichen und
bewahre ihre Unschuld.
Erinnere uns daran, dass Harmonie
unser natürlicher Zustand ist.
Zeige uns die Freude in allem,
was wir sind und tun.
Amen.

LOVE AND PIT
ET THESE TWO
EVER WALK T
WORLD WITH YO

Erholung ist für den Körper ebenso wichtig wie für den Geist.

VIERTE WOCHE

DER ENGEL DER ERHOLUNG

Erholung bedeutet, dass wir Verspannungen lösen und Druck abbauen. Wir müssen uns Zeit nehmen, um dem Alltag zu entfliehen, an Rosen zu schnuppern und unsere wohlverdiente Freizeit zu genießen. Wir nähern uns der Sommersonnenwende; unsere Stimmung wird besser, und wir denken an Urlaub, Spaß und Entspannung. Die angenehm warmen, Licht erfüllten Tage laden dazu ein. Wir erfrischen den Körper und die Seele und fühlen uns wohl. Dies ist die Jahreszeit, in der wir Spaß haben wollen. Wir sind körperlich und geistig aktiv, oder wir ruhen uns aus und faulenzen. Wir freuen uns über die Schönheit der Natur und die Leben spendende Kraft der Sonne, die unsere Zellen mit Energie versorgt. Wir erneuern uns auf allen Ebenen unseres Seins.

MEDITATION

Überlegen Sie, was Sie in Entzücken versetzt, und malen Sie es vor dem geistigen Auge aus. Tun Sie, was Sie gerne tun, und genießen Sie das Wohlgefühl, das Sie dabei empfinden. Das hilft Ihnen, sich gründlich zu regenerieren. Schauen Sie nach innen, sehen Sie, wie Sie sich über die Sommerzeit freuen. Denken Sie an gute Zeiten, und füllen Sie Ihre Zellen mit positiver Energie. Füllen Sie auch die Reserven auf, die Sie brauchen werden, wenn das Leben zwischendurch anstrengender ist.

Zwillinge

Gebet

Geliebter Engel der Erholung, wecke unseren Sinn für die Freude und befreie uns von Gedanken, die unsere Freude trüben. Zeige uns, dass Freude und Spaß die beste Arznei sind. Wir danken dir für diese herrliche Jahreszeit, in der wir uns entspannen und erholen dürfen. Amen.

Sommer

Im Sommer breitet der Geist seine Flügel aus und steigt empor zum strahlenden Licht der göttlichen Liebe.

Der Erzengel Uriel bringt uns das Licht Gottes und regiert die Sonnenwende am 21. Juni.

An der Sommersonnenwende ist die Sonne vom Äquator am weitesten entfernt. Dies ist der längste Tag und die kürzeste Nacht des Jahres. Jetzt spüren wir deutlich, wie die Sonne uns wärmt und mit Energie erfüllt. Die Sonne kann mit ihrem Licht heilen, und sie beeinflusst uns nicht nur auf der körperlichen, sondern auch auf der spirituellen Ebene. Wenn wir den Sommer in unser Herz einlassen, fangen wir buchstäblich an zu strahlen, und die helle Wärme vermittelt uns ein Gefühl der Leichtigkeit – wir steigen empor zum Licht der göttlichen Liebe.

Der längste Tag des Jahres wird traditionell mit Feuern begangen, die das innere Licht, die Erleuchtung und das höhere Wissen symbolisieren. In dieser Jahreszeit haben wir Gelegenheit, unsere tiefe Sehnsucht nach Liebe, Glück und Wohlbefinden zu erfüllen.

MEDITATION

Suchen Sie den Kontakt mit Ihrer inneren Sonne, die immer strahlt und deren Energie höchste Freude ist. Entzünden Sie das Feuer Ihrer tiefsten Wünsche, Ihrer größten Sehnsucht, und lassen Sie es alles Unreine verbrennen, bis nur noch das wahre Selbst übrig bleibt. Schauen Sie, wie die Flamme dieser inneren Glut Ihren Lebensweg erleuchtet, und fragen Sie sich, ob Sie wirklich nach Ihrem höchsten Ziel streben. Wenn alle Hindernisse zwischen Ihnen und Ihrem höchsten Ziel verbrannt sind, spüren Sie die Energie des Erzengels Uriel, und Sie wissen, dass Ihr wahres Selbst ein Kind Gottes ist.

Gebet

Liebster Uriel, Träger des göttlichen Lichtes, wir bitten dich, entzünde in uns die leidenschaftliche Sehnsucht nach Wissen, Liebe und Dienst an Gott. Verbrenne alle Unreinheiten, die unseren Geist verdunkeln. Verbanne Zweifel, Furcht, Hochmut und Lust, so dass unser reines Selbst strahlen kann. Zerreiße den Schleier, der uns vom Wissen trennt, damit unser Weg erleuchtet werde. Führe uns ins Land des Lichts, und sei unser Leuchtturm, wenn das Leben dunkel ist.
Amen.

Der Erzengel Uriel

Uriel führt die Heerschar der Engel an und steht vor dem Thron der Herrlichkeit im Himmel. Sein Name bedeutet „Licht Gottes", und er symbolisiert das Licht der göttlichen Lehre. Uriel steht auch für unseren innigen Wunsch nach Einheit mit der Quelle. Man nennt ihn auch Flamme Gottes, Engel der Gegenwart und Erzengel der Erlösung. In der Bibel ermahnt er Moses und teilt das Rote Meer. Er löst die Visionen des Propheten Esra aus und regiert im Buch Enoch den Donner und den Schrecken. An anderer Stelle ist er der Engel der Reue. Er gilt als der Fürst des Lichts, der in den Schriftrollen vom Toten Meer erwähnt wird. In der katholischen Tradition ist Uriel der Engel, der die Tore von Eden mit einem feurigen Schwert bewachte. Andere glauben, er habe Abraham aus Ur geführt und die Menschen in die Alchemie und in die Kabbala eingeweiht. Juden schreiben seinen Namen auf Amulette, damit er ihnen hilft, die Thora zu studieren. Uriel wird häufig symbolhaft als offene Hand dargestellt, die eine Flamme hält. Er bringt den Menschen die Erleuchtung, also die Erkenntnis, dass das göttliche Licht in uns allen ist.

	Krebs 22. Juni – 22. Juli	Löwe 23. Juli – 22. August	Jungfrau 23. August – 22. September
ELEMENT	Wasser	Feuer	Erde
FARBE	Gelborange	Goldgelb	Zitronengrün
PLANET	Mond	Sonne	Erde
KÖRPERTEIL	Brust, Magen	Rücken, Herz	Eingeweide
ENGEL	*Engel des Urteilsvermögens*	*Engel des Wertes*	*Engel des Friedens*
FESTE	ST. JOHANNES *Engel der Erleuchtung*	MARIÄ HIMMELFAHRT *Engel der Gnade*	
ENGEL DER WOCHE			
1. WOCHE	*Engel des Wissens*	*Engel der Selbstbilligung*	*Engel der Gelassenheit*
2. WOCHE	*Engel der Intuition*	*Engel der Selbstachtung*	*Engel der Harmonie*
3. WOCHE	*Engel der Phantasie*	*Engel des Selbstvertrauens*	*Engel der Ruhe*
4. WOCHE	*Engel der Bewusstheit*	*Engel der persönlichen Macht*	*Engel des Vergnügens*

Krebs

22. Juni bis 22. Juli

ELEMENT: *Wasser*

FARBE: *Gelborange*

PLANET: *Mond*

FEST: *St. Johannes*

ENGEL: *Engel des Urteilsvermögens*

Jetzt dürfen wir die langen, goldenen Tage des Sommers und die Fülle der Natur genießen und uns entspannen. Wir können öfter im Freien sein, der Tisch ist reicher gedeckt, und die Freizeitangebote sind schier unbegrenzt. Aus den vielen Möglichkeiten sollten wir das auswählen, was uns dem höchsten Ziel näher bringt, was uns Freude und Frieden schenkt. Dafür brauchen wir ein gutes Urteilsvermögen.

Wir müssen in jeder Situation imstande sein zu wählen, was wirklich gut für uns ist und was nur an der Oberfläche gut aussieht oder sich gut anhört. Diese Fähigkeit entwickelt sich im Laufe des Lebens, wenn wir Erfahrungen sammeln. Sie kann uns vor falschen Verlockungen und unnötigen Schwierigkeiten aller Art bewahren und unseren Blick auf das höchste Ziel lenken. Wir besitzen gutes Urteilsvermögen, wenn wir schätzen, was wir sind, und wenn wir unsere Zeit und unsere Energie sinnvoll nutzen. Prüfen Sie alle Möglichkeiten, und entscheiden Sie sich für das, was gut ist, Ihre Entwicklung fördert und Sie oder andere heilt.

MEDITATION

Denken Sie an eine Situation, in der Sie eine wichtige Entscheidung treffen mussten. Welche Auswirkungen hatte die Alternative, die Sie gewählt haben, und welche hätte die andere gehabt? Hat Ihre Entscheidung Ihr spirituelles Wachstum gefördert und Sie heil gemacht? Vielleicht stehen Sie auch jetzt vor einer bedeutsamen Entscheidung. Prüfen Sie alle denkbaren Möglichkeiten, und beten Sie dann zu Gott. Bitten Sie ihn um Führung und um ein gesundes Urteil.

Gebet

Liebster Engel des Urteilsvermögens, sei uns ein Licht, und zeige uns den Weg zu unserem höchsten Ziel und zu unserer größten Freude. Hilf uns, unser Urteilsvermögen zu schulen, damit wir unser Potenzial erfüllen können. Zeige uns, welche Wahl wir treffen müssen, um heil zu werden und zu wachsen.
Amen.

Engel der Woche

Wissen kann uns dem höchsten Ziel näher bringen.

ERSTE WOCHE

DER ENGEL DES WISSENS

Wissen ist Macht, und im Dienste unseres höheren Selbstes fördert es das seelische Wachstum und die spirituelle Entwicklung. Selbsterkenntnis ist das Tor zu unserer Göttlichkeit und zur inneren und äußeren Freiheit. Wenn wir unser Wissen klug anwenden, haben wir unser Leben im Griff und können unsere Fähigkeiten und Talente schulen.

Wissen kommt von Gott. Es erleuchtet die Menschheit und hilft uns, unnötigen Streit zu vermeiden. Es zeigt uns, wohin wir gehen und was wir tun sollen. Wenn wir unser Wissen für unser höchstes Ziel einsetzen, haben wir Erfolg. Wissen hilft uns, unser Potenzial zu erkennen, und lässt unseren Geist strahlen.

Gebet

Engel des Wissens, lehre uns,
das Licht zu ehren, das dein Wissen
uns bringt. Verbinde unser Wissen
mit unserem höheren Ziel, und gib,
dass es unsere Evolution fördert.
Lehre uns, Wissen mit Liebe, Einheit
und Dienen zu verbinden, damit es allen
Menschen zugute kommt.
Verhüte, dass wir Wissen missbrauchen,
und gibt uns Selbsterkenntnis, die dem
äußeren Wissen entspricht.
Amen.

MEDITATION

Alles Wissen, das der Mensch im Laufe der Jahrtausende erworben hat, ist uns zugänglich, weil wir Teil eines größeren Geistes sind, dem nichts verborgen ist. Gibt es ein bestimmtes Wissen, das derzeit Ihre Entwicklung fördern würde? Auf viele Fragen finden Sie die Antwort im Gebet und in der Meditation. Setzen Sie sich bequem hin, und bitten Sie Ihr höheres Selbst, Ihnen die Lösung für die Probleme zu zeigen, mit denen Sie konfrontiert sind. Vertrauen Sie darauf, dass Ihr Geist aus dem gewaltigen Brunnen des Wissens schöpfen und Sie ans Ziel bringen kann.

Intuition ist ein Wissen, das uns mit der Wahrheit verbindet.

ZWEITE WOCHE

DER ENGEL DER INTUITION

Intuition ist ein instinktives Wissen, das nicht dem Verstand entspringt, sondern der unmittelbaren Erfahrung. Durch Intuition sprechen die Engel zu uns, und sie sagt uns, dass Gott uns glücklich machen will. Die Intuition verschafft uns Zugang zu unserer inneren Wahrheit und bringt unsere Persönlichkeit mit unserer göttlichen Natur in Einklang.

Sie müssen Ihrer Intuition vertrauen, damit Sie Ihr Schicksal erfüllen können. Lauschen Sie Ihrer Intuition, und lassen Sie sich von ihr leiten. Engel reden mit Menschen oft durch Symbole, Metaphern und Visionen, die der Deutung bedürfen. Dabei hilft Ihnen die Intuition, die Sie mit der geistigen Ebene verbindet. Die Intuition ist also Ihre Verbindung mit Gott, und sie hilft Ihnen im Leben die richtigen Entscheidungen zu treffen.

Gebet

Gesegneter Engel der Intuition,
befreie unsere Intuition,
damit wir wissen, was wir wissen können.
Sprich zu uns, damit wir deine Gegenwart
spüren. Zeige uns Möglichkeiten auf,
die neue Horizonte in unserem Leben öffnen.
Stärke unser Vertrauen in unser inneres Licht,
und hilf uns, die richtigen Entscheidungen
zu treffen. Lehre uns, wie wichtig es ist,
auf dem Weg durchs Leben der Intuition
zu vertrauen.
Amen.

MEDITATION

Konzentrieren Sie sich, und fragen Sie: Was weiß ich über meine Gesundheit? Was muss ich tun, um sie zu verbessern? Was weiß ich über meine Beziehungen und Freundschaften? Was muss ich in diesem Bereich ändern? Was weiß ich über meine finanzielle Lage?

Die Intuition kann in Ihrem Leben viel bewirken. Entwickeln Sie Ihre Intuition, indem Sie sich bewusst machen, was Sie schon wissen. Vielleicht überraschen Sie sich damit selbst.

TO THE GLORY OF GOD AND IN MEMORY OF ANNE
KINDNESS AND MEEKNESS AND COMFORT

Die Phantasie zeigt uns die Zukunft, die wir uns wünschen.

DRITTE WOCHE

DER ENGEL DER PHANTASIE

Dank unserer Phantasie können wir uns ein inneres Bild all dessen machen, was wir brauchen, um unser höchstes Ziel zu erreichen. Entwickeln Sie Ihre Phantasie – sie verschönt alles, was Sie entzückt und verzaubert, und Sie hilft Ihnen, Herzenswünsche zu erfüllen. Wenn wir jung sind, wird unsere Phantasie oft unterdrückt, weil sie unsere Lehrer stört oder den Erwerb von Fähigkeiten behindert, die unsere Eltern und Lehrer für wichtig halten. Doch ohne Phantasie können wir die Zukunft nicht sehen, nach der wir uns sehnen. Große Denker, Visionäre und schöpferische Menschen haben besonders viel Phantasie. Aber auch wir können unsere Phantasie durch Musik, Tanz, Malen und Tagträumen anregen und aktivieren. Und wenn wir sie für unsere tiefsten Wünsche nutzen, werden wir Erfolg haben.

Gebet

Geliebter Engel der Phantasie,
entzünde den Funken der Phantasie
in unserem Leben. Hilf uns, unsere Visionen
und Träume zu wecken und die Zukunft
zu sehen, die wir uns wünschen.
Lehre uns begreifen, dass wir ungeahnte
Möglichkeiten haben. Mache die Visionen
wahr, in denen wir glücklich und heil sind
und geliebt werden.
Amen.

MEDITATION

Nutzen Sie Ihre Phantasie, um Ihr Leben zu ändern. Sehen Sie sich vor dem geistigen Auge: Sie tun, was Sie gerne tun, Sie sind glücklich und gesund, Sie haben eine schöne Wohnung an einem schönen Ort, und Sie sind von Menschen umgeben, die Sie lieben.

Nehmen Sie sich jeden Tag Zeit, und visualisieren Sie diese Szenen – sie können schneller Wahrheit werden, als Sie ahnen.

Engel der Woche

Gebet

*Geliebter Engel der Bewusstheit,
öffne uns die Augen, damit wir die
Herrlichkeit Gottes sehen, und zeige uns,
was wir erreichen können.
Du führt uns in die Welt der
Wahlmöglichkeiten. Hilf uns zu sehen,
was ist, und hilf uns, liebevoller und
mitfühlender zu leben. Segne uns,
damit wir erwachen und bewusster werden.
Amen.*

Höheres Bewusstsein ist ein Tor zum Reich des Möglichen.

VIERTE WOCHE

DER ENGEL DER BEWUSSTHEIT

Bewusstheit ist Selbsterkenntnis, verbunden mit Wissen um die äußere Welt. Bewusste Menschen sind wach; sie sehen, erfahren und begreifen eine neue Ebene der Wirklichkeit. Wir können in jeder Phase unseres Lebens eine neue Ebene der Bewusstheit erreichen und allmählich unser wahres Wesen besser verstehen und unser Ziel klarer sehen.

Wenn wir bewusst leben, haben wir Freude am Leben. Wir erreichen unsere Ziele und genießen die Harmonie zwischen Körper, Seele und Geist. Höheres Bewusstsein ist ein Tor zum Reich des Möglichen. Dort können wir alles erreichen und frei wählen, wie wir leben wollen. Wenn wir uns der höheren Wirklichkeit bewusst sind, dann sind wir frei.

MEDITATION

Versetzen Sie sich in einen Zustand erhöhter Bewusstheit, und erforschen Sie Ihren Körper. Wohin fließt seine Energie? Wo ist die Energie blockiert? Diese Übung macht Ihnen den Körper, die Gefühle, die Gedanken und Ihre Spiritualität bewusster. Bewusstheit ist eine Gabe Gottes. Nur wenn Sie bewusst sind, können Sie sich selbst und die Welt entdecken.

Löwe

23. Juli bis 22. August

ELEMENT: *Feuer*

FARBE: *Goldgelb*

PLANET: *Sonne*

FEST: *Mariä Himmelfahrt*

ENGEL: *Engel des Wertes*

Wenn der Sommer seinen Höhepunkt erreicht, erleuchtet die starke Sonne die Erde und gibt uns Kraft. Wir sehen unser inneres Selbst klarer, und unser Licht strahlt heller. Wir wissen, dass wir verdient haben, was wir uns wünschen. Wir lieben und akzeptieren uns bedingungslos im Licht dieser warmen Sommertage. Nichts kann uns die Gewissheit nehmen, dass Gott uns liebt. Wir sind wertvoll, weil wir existieren, und wir brauchen nichts zu tun, zu denken, zu fühlen oder zu sein, um Gottes Liebe zu empfangen.

Der wilde Löwe ist der König des Tierkreises. Seine Merkmale sind Macht, Aufgeschlossenheit, Ausdrucksfähigkeit und Spontaneität. Wir können ihm ähnlicher werden, wenn wir unsere innere Sonne heller scheinen lassen und wenn wir beschließen, das Beste aus uns selbst zu machen und für andere Menschen ein Leuchtturm zu sein. Auf diese Weise können wir unseren Wert ausdrücken und uns für die Liebe entscheiden.

Gebet

Geliebter Engel des Wertes,
lösche unsere Selbstzweifel aus.
Zeige uns Gottes bedingungslose Liebe. Lehre uns, seinen Willen zu befolgen, damit wir unsere Ziele erreichen und dazu beitragen, die Welt zu heilen. Lehre uns, dass wir wertvoll sind, weil wir Gottes Licht widerspiegeln.
Amen.

MEDITATION

Das Zentrum des Selbstwertgefühls und des Selbstvertrauens ist der Solarplexus in der Magengrube – die Stelle, an der wir Angst oder Sorgen spüren. Lösen Sie sich von allen Verspannungen, während Sie ausatmen. Visualisieren Sie eine Kugel aus goldgelbem Licht genau im Solarplexus, und füllen Sie den ganzen Körper mit diesem warmen Licht. Weiten Sie das Licht aus, und machen Sie es stärker, während Sie Verspannungen lösen. Dadurch stärken Sie ein schwaches Selbstvertrauen. Lassen Sie das Licht in den Unterleib und in den Brustkorb ausstrahlen. Sehen Sie es als helle Sonne, die wärmt, tröstet und Angst und Selbstzweifel dahinschmelzen lässt. Jetzt wird Ihnen bewusst, dass Sie in Gottes Augen wertvoll sind und dass er Sie liebt.

Selbstbilligung ist durch Gottes Liebe gerechtfertigt.

ERSTE WOCHE

DER ENGEL DER SELBSTBILLIGUNG

Selbstbilligung bedeutet, dass wir sowohl unsere Fähigkeiten und Talente als auch unsere Fehler liebevoll annehmen. Wenn wir uns nicht so lieben, wie wir sind, wie könnten andere uns lieben? Glücklicherweise steht es uns frei, unser Selbstbild zu ändern. Wenn wir andere entscheiden lassen, wie und wer wir sind, verlieren wir Macht. Nur wir selbst kennen unseren inneren Wert. Wenn wir uns so schätzen, wie wir sind, heilen wir bewusst die Wunden unseres Selbstwertgefühls; wir werden stärker und realistischer, so dass wir Herausforderungen besser bewältigen. Es kann ein Leben lang dauern, bis wir die Liebe, das Gute und die Heilung bekommen, die wir verdient haben. Aber Gottes Liebe ist immer da, und sie ist bedingungslos.

Gebet

Lieber Engel der Selbstbilligung,
heile die Wunden unserer Trennung
vom wahren Selbst. Lehre uns,
dass wir uns so billigen dürfen,
wie wir sind. Hilf uns,
den Tempel unseres inneren Lichts
neu zu errichten, indem wir uns
selbst lieben und akzeptieren,
so wie unser himmlischer Vater uns liebt.
Amen.

MEDITATION

Selbstbilligung heißt, gütig zu sich selbst sein und seine Stärken nutzen. Tun Sie das von nun an jeden Tag. Denken Sie an Ihr bisheriges Leben zurück: an den Kummer, die Prüfungen, die Ängste, die Sie erfahren haben. Billigen Sie, was Sie sind und was Sie getan haben. Dadurch geben Sie Ihrem Leben Sinn. Klopfen Sie sich jedes Mal auf die Finger, wenn Sie glauben, sich selbst verabscheuen zu müssen. Bedingungslose Liebe schließt Selbstbilligung ein. Transformieren Sie sich durch Liebe, und akzeptieren Sie sich so, wie Sie sind. Das haben Sie verdient.

Selbstachtung ist der Respekt vor dem göttlichen inneren Licht.

ZWEITE WOCHE

DER ENGEL DER SELBSTACHTUNG

Selbstachtung entspringt unserem Selbstwertgefühl, dem Wissen, dass wir und unsere Aufgabe im Leben wichtig sind. Der gesunde Stolz auf unsere Leistung ist die Folge einer positiven Einstellung zu uns selbst. Dafür gibt es bei uns allen genug Gründe, denn wir alle haben Güte, Mitgefühl und Hilfsbereitschaft gezeigt.

Wenn wir unseren Wert anerkennen, bekräftigen wir unsere Göttlichkeit. Wir entwickeln Selbstachtung, wenn wir unserem inneren Licht folgen und tun, was getan werden muss, unabhängig von den Umständen. Jedes Mal, wenn wir etwas getan haben, was uns dem höheren Ziel näher bringt, wächst unsere Selbstachtung.

Gebet

Geliebter Engel der Selbstachtung,
versiegle die Tür, hinter der negative
Gedanken wohnen.
Führe uns nach innen, dorthin,
wo wir unserem Wesen nach stolz sind.
Möge unsere Selbstachtung ein Schild sein,
der das Kind Gottes in uns ehrt
und beschützt.
Unser Wert ist Gottes Wert,
und unsere Selbstachtung
singt sein Lob.
Amen.

MEDITATION

Denken Sie daran, dass Sie aus Licht geschaffen wurden und dass Sie das göttliche innere Licht widerspiegeln. Dieses Licht ist so stark, dass es selbst die dichteste Finsternis durchdringen kann. Dieses Licht speist Ihre Selbstachtung, die aufstrahlt, wenn Sie erkennen, wie gut Sie wirklich sind. Denken Sie über Ihr Leben nach, und rufen Sie Ereignisse wach, bei denen Sie sich „selbst übertroffen" haben und mit Recht stolz auf sich waren. Freuen Sie sich darüber, dass Sie Ihren Winkel des Universums ein wenig besser gemacht haben.

Gebet

Engel des Selbstvertrauens, lehre uns, unsere Talente und Fähigkeiten für Gottes Plan zu nutzen. Zeige uns, was wir erreichen können, und lehre uns, unsere Gaben demütig anzunehmen. Stärke unser Selbstvertrauen, damit wir an das Gute in uns glauben. Hilf uns, unsere Aufgabe im Leben zu erfüllen, und hilf anderen, ihre Fähigkeiten zu entdecken. Lehre uns begreifen und akzeptieren, dass wir im Grunde gut sind.
Amen.

Selbstvertrauen entspringt der Gewissheit, dass unser Leben gesegnet ist.

DRITTE WOCHE

DER ENGEL DES SELBSTVERTRAUENS

Selbstvertrauen gründet auf der Einsicht, dass wir imstande sind, glücklich und produktiv zu leben, dass wir das Richtige sein und tun können und dass wir erreichen können, was wir entschlossen und begeistert anpacken. Wir haben Selbstvertrauen, wenn wir wissen, dass wir mit dem, was wir sind und tun, zufrieden sein dürfen. Wenn wir erkannt haben, dass unser Leben gesegnet ist, leben wir entspannter und erfolgreicher. Das Selbstvertrauen gibt uns inneren Frieden und lenkt unsere Energie in die Richtung, in die wir gehen. Furcht und Zweifel werden zerstreut.

Unser Selbstvertrauen spiegelt die göttliche Intelligenz wider, die wir auch Christuslicht nennen. Wer egozentrisch ist, verliert den Kontakt mit der Quelle. Wenn wir unsere Fähigkeiten mit Gottes Hilfe verbinden, entfaltet sich unser Leben mühelos.

MEDITATION

Sie besitzen die natürliche Gabe, Ihr Bestes zu tun und zu sein. Glauben Sie an sich selbst und an Ihren Lebensweg. Weiten Sie Ihr Selbstvertrauen aus. Gott und die Engel sind auf Ihrer Seite und helfen Ihnen, Ihre Aufgabe im Leben zu erfüllen.

Gebet

Liebster Engel der persönlichen Macht, du hilfst uns, wenn wir danach streben, unser Bestes zu geben. Du erinnerst uns daran, dass Gott uns auf einer höheren Ebene braucht, und wenn wir uns fürchten, gehst du mit uns den nächsten Schritt. Hilf uns, für das Licht, die Wahrheit und das Gute einzutreten. Hilf uns, unsere Macht gefahrlos und sinnvoll zu stärken. Wir werden sie niemals missbrauchen, weil Gott in jeder Seele wohnt. Gib uns Kraft, Gnade und Liebe. Amen.

Persönliche Macht kann die Welt durch Selbstverwirklichung transformieren.

VIERTE WOCHE

DER ENGEL DER PERSÖNLICHEN MACHT

Die persönliche Macht spiegelt unsere Fähigkeit wider, in jeder Situation wir selbst zu sein. Sie setzt voraus, dass wir uns selbst kennen und uns vertrauen, und sie ist die Summe all dessen, was wir sind: stark und schwach, gut und weniger gut. Sie basiert auch auf unserer Erfahrung und unserer Weisheit, und sie erstrahlt, wenn wir unseren Wert und unsere Fähigkeiten kennen. Unsere Umwelt nimmt diese Qualität als Klarheit, Ehrlichkeit und Ernsthaftigkeit wahr. Die Energie unserer persönlichen Macht wird von allen Prüfungen und Herausforderungen des Lebens erzeugt.

Unsere persönliche Macht hängt nicht von anderen Menschen ab, denn sie ist die Fähigkeit, uns und die Welt einfach dadurch zu transformieren, dass wir sind, was wir sind. Wir bewahren diese Macht, wenn wir wachsam und diszipliniert sind, an unserer Vision festhalten und nach unserer Wahrheit leben.

MEDITATION

Denken Sie über Ihre persönliche Macht nach. Denken Sie daran, dass Sie diese Macht mit Gottes Hilfe stärken können. Wenn Sie fest entschlossen sind, nach Ihrer Wahrheit zu leben, wachsen Sie schnell und erreichen eine höhere Ebene des Verantwortungsbewusstseins. Dazu müssen Sie Ihre Macht nutzen und den Heiligen Geist als Quelle Ihrer Kraft anerkennen.

Jungfrau

23. August bis 22. September

ELEMENT: *Erde*

FARBE: *Zitronengrün*

PLANET: *Erde*

ENGEL: *Engel des Friedens*

In dieser Jahreszeit fühlen wir uns satt und ausgeruht. Wir haben in unseren Zellen Licht für den Winter gespeichert, und unser Geist ist erfrischt. Während der Hochsommertage können wir uns entspannen und unseren Seelenfrieden genießen. Wir haben uns selbst und alles, was das Leben bringt, akzeptiert. Wenn wir offen sind für Selbsterkenntnis, für die Liebe zum Leben und für die Einheit mit Gott, verspürt unsere Seele den Frieden, der jenseits alles Begreifens liegt.

Das Sternzeichen Jungfrau symbolisiert Erde und Fruchtbarkeit. In dieser Jahreszeit werden die Feldfrüchte reif, und die Ernte ist nah. Dies ist die Zeit der Reife und Fülle, und wir genießen die Früchte unserer Arbeit. Die Jungfrau ermutigt uns zu Kreativität, Präzision und Perfektion. Das äußert sich auf der materiellen Ebene durch Liebe zum Detail, auf der spirituellen durch die Akzeptanz des Wachstums und des Wandels. Innerer Friede ist die Frucht der verarbeiteten Erfahrung.

MEDITATION

Auch in Ihnen gibt es einen Platz ohne Konflikte und ohne Anhaften, einen Platz, an dem Frieden, Freiheit und Liebe herrschen. Dort wohnt Ihr wahres Selbst. Sie brauchen nicht danach zu suchen, denn Sie haben es bereits gefunden. Streben Sie nach Frieden, werden Sie Frieden. Seien Sie eins mit sich selbst. Spüren Sie, wie Ihre natürliche Wärme alle Verspannungen schmelzen lässt. Dies ist die innere Ernte, der Lohn für die Innenschau, die Sie lange praktiziert haben.

Gebet

Engel des Friedens,
wir rufen dich mitten
im Aufruhr und in
der Verwirrung:
Bringe uns
Harmonie. Frieden
ist eine Gottesgabe,
die unser Heim,
unsere Arbeit und
unsere Schule segnet.
Möge der Friede stets
im Mittelpunkt
unseres Handelns
stehen, damit wir
unter seinem Schirm
leben.
Amen.

Gelassenheit stellt sich von selbst ein, wenn wir mit unserem wahren Selbst eins sind.

ERSTE WOCHE

DER ENGEL DER GELASSENHEIT

Gelassenheit ist die Einstimmung des Körpers und des Geistes auf das höhere Selbst. Sie ist mehr als heitere Ruhe, denn sie entspringt der tiefen Mitte unseres Geistes und bringt uns Frieden, Erfüllung, Zufriedenheit und Entschlusskraft. Gelassenheit ist ein Aspekt des Kronenchakras, des höchsten Machtzentrums des Körpers, das immer mit der Quelle verbunden ist.

Wir können gelassen werden, wenn wir nach den höchsten spirituellen Prinzipien leben, Konflikte lösen und unser Schicksal in die Hände des Heiligen Geistes legen. Wir werden ruhig und klar, wenn unser Wille sich mit dem Willen Gottes vereinigt und wenn wir wissen, dass wir uns am richtigen Ort befinden und das Richtige tun. Sobald wir uns von Stress und Verspannungen lösen, fühlen wir uns wundervoll leicht. Das ist ein glückseliger Zustand, denn wir sind eins mit allem, was lebt. Gelassenheit ist unser, wenn wir Gott vertrauen, denn im Licht seiner Liebe können wir jederzeit unser Bestes geben.

Gebet

Geliebter Engel der Gelassenheit,
besuche uns öfter, denn dein Segen versüßt
unser Leben. Du bist uns immer willkommen,
denn du tröstest uns und weckst unsere
Sehnsucht nach Frieden.
Hilf uns, den Willen Gottes zu befolgen,
damit wir in seinem Frieden geborgen sind.
Amen.

MEDITATION

Visualisieren Sie die Farbe Violett, und hüllen Sie sich in ihre strahlende, ruhige, schützende Energie. Lassen Sie los, entspannen Sie sich, spüren Sie Gelassenheit. Speichern Sie Gelassenheit, und zehren Sie davon, wenn Sie sich angespannt fühlen oder wenn Probleme Sie plagen. Wenn Sie die Farbe Violett visualisieren können, sind Sie auch in der Lage, die Gefühle wachzurufen, die mit ihr verbunden sind. Dann können Sie jederzeit gelassen sein.

Harmonie ist Gleichgewicht, heilende Ausgewogenheit zwischen Tun und Sein.

Gebet

Geliebter Engel der Harmonie, wir wissen, dass wir in unserer Seele Platz für dich schaffen müssen. Wenn wir unsere Tage mit Geschäftigkeit vollstopfen, die unsere Energie verzehrt, verlieren wir dich. Zeige uns das Gleichgewicht zwischen Tun und Sein, und bringe uns Harmonie und Heilung.
Amen.

ZWEITE WOCHE

DER ENGEL DER HARMONIE

Harmonie ist ein Zustand der Ausgewogenheit. Die Gefühle sind still, der Geist ist klar, Körper und Seele befinden sich im Einklang. Wir müssen uns anstrengen, um diesen Zustand zu erreichen. Harmonie spiegelt unseren Entschluss wider, mit anderen, mit unserer Umwelt und mit uns selbst im Frieden zu leben. Sie fließt uns zu, wenn wir aufhören zu kämpfen und ein Tempo einschlagen, das zu unserem natürlichen Rhythmus passt. Harmonie entsteht, wenn wir unsere Aktivitäten mit der inneren Welt der Selbstbewusstheit ausbalancieren. Wenn wir zu geschäftig sind, können wir zu wenig sein. Darum brauchen wir den Kontakt mit unserer wahren Natur. In unserer hektischen Welt ist es oft schwer, ein Gleichgewicht zwischen dem Tun und dem Sein herzustellen. Aber wir können den Geist erfrischen und neue Harmonie empfinden, wenn wir uns Zeit für uns selbst nehmen, hinaus in die Natur gehen oder stumm unsere Arbeit tun.

MEDITATION

Visualisieren Sie sich selbst in Harmonie mit Ihrer Umgebung und mit der Natur. Wenn Sie diese Harmonie spüren, sind Sie eins mit sich selbst. In welchen Bereichen Ihres Lebens brauchen Sie mehr Harmonie? Wie können Sie diese Harmonie in Ihr Leben bringen? Wenn Sie aufrichtig danach streben, kommt sie von selbst!

Engel der Woche

Ruhe hilft dem Körper und dem Geist, mit der Natur in Harmonie zu leben.

DRITTE WOCHE

DER ENGEL DER RUHE

Die meisten Menschen reden zwar oft von Ruhe, aber sie haben keine – obwohl sie wissen, dass Ruhe wichtig für die Gesundheit ist. Wir alle brauchen ab und zu eine Pause im hektischen Alltag, damit Körper und Geist neue Energie tanken können. Ohne Entspannung bricht der Körper zusammen; wir können nicht mehr klar denken und sind eines Tages ausgebrannt. Nur wenn wir uns ausruhen, arbeitet der Organismus optimal, und nur dann können wir über neue Möglichkeiten nachdenken.

Wenn Sie Ihr Bedürfnis nach Ruhe respektieren, leben Sie in Harmonie mit sich selbst und mit der Natur. Ruhe erquickt den Geist und füllt die Energiereserven auf, so dass Sie bei Bedarf davon zehren können.

MEDITATION

Hören Sie Ihrem Körper zu. Spüren Sie, dass er sich nach Ruhe sehnt? Legen Sie sich auf den Rücken, ziehen Sie die Knie an und legen Sie den Kopf auf ein dickes Buch (es liegt unterhalb der Schädelbasis). Stellen Sie sich vor, wie die Schwerkraft die Muskeln des Rückens nach unten zieht. Das entspannt. Bleiben Sie etwa 20 Minuten liegen, und visualisieren Sie, wie Ihr Rücken länger und breiter wird. Dadurch lockern Sie die Wirbelsäule und lösen tief sitzende Muskelverspannungen. Wenn Sie diese Übung regelmäßig einmal am Tag machen, findet Ihr Körper die Ruhe, die er braucht. Quälen Sie sich nicht mehr, wenn Sie müde sind, und sorgen Sie für die notwendige Regeneration.

Gebet

Geliebter Engel der Ruhe, du bringst uns Freude und Frieden, so dass wir unseren müden Körper ausruhen und unseren matten Geist erfrischen können. Lehre uns, auf den Körper zu hören, damit wir rechtzeitig innehalten. Belebe unseren Geist, wenn wir in den Strudeln der Welt stecken. Lehre uns, unser Bedürfnis nach Ruhe zu respektieren. Amen.

Vergnügen schärft die Sinne und befreit den Geist.

VIERTE WOCHE

DER ENGEL DES VERGNÜGENS

Wir sind vergnügt, wenn Herz, Verstand und Sinne sich in Freude und Entzücken vereinen. In diesem Zustand, der immer einfach ist, sind wir dankbar und können wachsen. Auf der spirituellen Ebene befreit das Vergnügen die Seele, so dass sie neue Gipfel der Schönheit und Bewusstheit erklimmen kann. Das Entzücken über die Schöpfung ist eine Gottesgabe; sie tröstet uns in schweren Zeiten. Da unsere fünf Sinne freudig auf angenehme Eindrücke reagieren, ist es ganz natürlich, wenn wir Töne, Bilder, Berührungen, Düfte und Geschmäcker genießen, und da unser Körper dazu geschaffen wurde, Vergnügen zu empfinden, sollten wir unsere physischen Wünsche nicht unterdrücken, sondern befriedigen. Es ist Zeit, neu über das Vergnügen nachzudenken, dem Urteil unseres Herzens zu trauen und das Gleichgewicht zwischen Zurückhaltung und Vergnügen zu finden.

Gebet

Lieber Engel des Vergnügens, hilf uns, damit wir aufhören, uns selbst zu bestrafen. Zeige uns, was wirklich gut für uns ist, und zeige uns das rechte Maß. Lehre uns, dass Vergnügen gut für den Geist ist, damit wir lernen, Freude am Leben zu haben. Amen.

MEDITATION

Wir haben oft Vergnügen an kleinen Dingen, die unsere Sinne ansprechen. Hätten Sie gerne mehr Vergnügen in Ihrem Leben? Können Sie alltägliche Verrichtungen zu einem Vergnügen machen? Vergnügen ist nicht nur ein Erlebnis, sondern auch eine Einstellung. Wenn Sie erkennen, dass die Möglichkeiten, Vergnügen zu empfinden, unbegrenzt sind, fließt Ihnen zu, was Sie wirklich wollen, und Sie können auch den gewöhnlichen Alltag genießen.

Herbst

Wenn das Jahr zur Neige geht, danken wir für die empfangene Fülle und wenden uns dem Licht der Wahrheit zu.

Das Herbst-Äquinoktium am 22. September ist die Zeit des Erzengels Michael, der uns Gottes Liebe bringt.

Die Herbst-Tagundnachtgleiche liegt zwischen Winter und Sommer. Die Sonne überquert den Himmelsäquator, und Tag und Nacht sind wieder gleich lang. Dies ist ein Augenblick des Gleichgewichts und der Harmonie, denn wir sind mit der äußeren Welt verbunden und wenden uns gleichzeitig nach innen. Licht und Dunkelheit sind ebenso ausgewogen wie die Gefühle und die Vernunft. Am Himmel erinnert uns das Sternzeichen Waage daran, dass alles im Universum seine Ordnung hat.

Der Herbst ist die Zeit der Ernte. Die Saat wird reif, und wir ernten, was wir gesät haben. Die Blätter wechseln die Farbe, die Tage werden kürzer, und es ist ganz natürlich, dass wir jetzt mehr nach innen schauen. Wir beurteilen unsere Stärken und Schwächen und bemühen uns, ein besserer Mensch zu werden.

Im Herbst überlegen wir, wo wir stehen und wofür wir stehen. Die Feiertage dieser Jahreszeit erinnern an das Wachstum des spirituellen Bewusstseins. Michaelis, Rosch Haschana und Jom Kippur sind uralte heilige Tage, die unseren Bund mit dem lebendigen Gott in uns erneuern, damit wir bewusst leben und unser höchstes Potenzial verwirklichen.

MEDITATION

Welche Veränderungen sehen Sie, wenn die Tage ausgewogener werden? Die Zeit ist jetzt günstig, um Gedanken zu verarbeiten, die Ihr Gleichgewicht stören. Die wechselnden Jahreszeiten erinnern uns an das Unveränderliche in uns. Nutzen Sie diese Zeit, um über den ewigen Geist nachzudenken. Michael spricht unser höheres Selbst an und führt uns zur Wahrheit und zur Reinheit des Geistes. Nehmen Sie diese Führung an, und leben Sie im Einklang mit dem Willen Gottes.

Gebet

Michael, Engel des Herbstes, hilf uns, negative Gedanken und Einstellungen abzulegen, die unser strahlendes Licht trüben. Hilf uns, mit den Veränderungen in unserem Leben fertig zu werden, und führe uns an einen Ort des Friedens, wo wir im tiefsten Inneren mit uns selbst zufrieden sind. Amen.

Der Erzengel Michael

Michael ist der mächtigste Engel und wird von Juden, Christen und Moslems gleichermaßen verehrt. Sein Name bedeutet „Wer ist wie Gott?". Im Himmel steht er zur Rechten des Thrones der Herrlichkeit, auf der Erde zur Rechten des Menschen. Er ist der Fürst der Erzengel, das Oberhaupt der Engel der Tugend und der Herrscher des vierten Himmels. Michael hat Satan besiegt und verteidigt auch unsere Integrität. Er ist Gottes großer Bote der Liebe und Gnade, und er führt die Seelen der Gerechten in den Himmel.

In der Bibel verkündet Michael Sara, dass sie Isaak gebären wird. Er verhindert, dass Jakob geopfert wird, kämpft später mit Jakob und führt die Israeliten durch die Wüste. In den Schriftrollen vom Toten Meer führt er die Söhne des Lichts in den Kampf gegen die Söhne der Finsternis. Später galt er als Vorläufer der Schechina und als Engel des brennenden Busches. Michael soll die Jungfrau Maria auf ihre Himmelfahrt vorbereitet haben, und nach der moslemischen Überlieferung bildeten sich die Cherubim aus den Tränen, die er wegen der Sünder vergoss.

Michaels Gnade mäßigt seine Urteile. Er hilft den Schwachen und allen, die gegen das Böse kämpfen. In dieser Jahreszeit, wenn Tag und Nacht sich im Gleichgewicht befinden, fordert er uns auf, Harmonie und Ordnung in unser Leben zu bringen und im Einklang mit unseren höchsten Prinzipien zu leben. Wenn das alte Jahr zur Neige geht, hilft uns Michael, alte Ideen und alten Groll zu überwinden, so dass in den kommenden Monaten nichts mehr unseren Geist niederdrücken kann.

	Waage 23. September – 22. Oktober	Skorpion 23. Oktober – 21. November	Schütze 22. November – 20. Dezember
ELEMENT	Luft	Wasser	Feuer
FARBE	Waldgrün	Wasserblau	Blau
PLANET	Venus	Pluto	Jupiter
KÖRPERTEIL	Adern, Blase	Fortpflanzungs-organe	Hüften, Oberschenkel
ENGEL	*Engel der Führung*	*Engel der Kreativität*	*Engel des Forscherdrangs*
FESTE	MICHAELIS *Engel der Gerechtigkeit* ROSCH HASCHANA *Der Engel Israel* JOM KIPPUR *Die Schechina*	LAUBHÜTTENFEST *Engel der Dauerhaftigkeit* ALLERHEILIGEN *Engel der guten Taten* ALLERSEELEN *Engel des göttlichen Geistes*	ADVENT *Engel der Erwartung*
ENGEL DER WOCHE			
1. WOCHE	*Engel der Wahrheit*	*Engel der Empfindsamkeit*	*Engel des Abenteuers*
2. WOCHE	*Engel des Mutes*	*Engel der Talente*	*Engel der Neugier*
3. WOCHE	*Engel der inneren Kraft*	*Engel der Jüngerschaft*	*Engel der guten Gelegenheit*
4. WOCHE	*Engel der Integrität*	*Engel der Meisterschaft*	*Engel der Expansion*

Waage

23. September bis 22. Oktober

ELEMENT: *Luft*

FARBE: *Waldgrün*

PLANET: *Venus*

FESTE: *Michaelis*
Rosch Haschana
Jom Kippur

ENGEL: *Engel der Führung*

Die Waage steht für eine Zeit des Gleichgewichts, der Schönheit und der Harmonie. Unsere Gefühle und unsere Urteile sind ausgewogen, und sowohl das logische Denken als auch die Intuition und die Phantasie gehören zu unserer Persönlichkeit. Tage und Nächte sind etwa gleich lang, und wir genießen die Anmut, Schönheit und Ruhe des Spätsommers und versuchen, diszipliniert, pünktlich und ordentlich zu sein. Die Waage ist auch das Zeichen der Diplomatie, die bei Konflikten eine faire Lösung anstrebt. Wir freuen uns über Eleganz und Gewandtheit in allen Bereichen, vor allem in Herzensangelegenheiten.

Die Waage symbolisiert Gleichheit. Wir schätzen das Schöne, aber wir sind auch bereit, für Gerechtigkeit einzutreten. Jetzt entdecken wir unsere verborgenen Stärken und intellektuellen Fähigkeiten. Der Engel der Führung bringt uns auf den Weg zum höchsten Ziel und erleuchtet ihn, damit wir wachsen, heilen und lieben können. Wenn wir ihm folgen, werden wir mit Erfahrungen belohnt, die uns die Herrlichkeit Gottes zeigen und uns lehren, wer wir im tiefsten Inneren wirklich sind.

MEDITATION

Haben Sie schon einmal ein Zeichen oder eine Botschaft erhalten, so dass Sie eine Entscheidung treffen konnten, die sich als vorteilhaft erwies? Lauschen Sie Ihrem inneren Ratgeber. Er kann Ihnen die Richtung und den Weg zeigen. Wenn Sie ihm vertrauen, sparen Sie Zeit, Geld und Energie. Zeichen erhalten Sie in Träumen, in der Meditation und durch Ihre Intuition. Sie brauchen aber Zeit und Geduld, um Ihren inneren Ratgeber zu stärken, und Sie müssen lernen, ihn zu hören und ihm zu vertrauen.

Gebet

Geliebter Engel der Führung,
begleite uns auf dem Weg zum Licht.
Sei ein Leuchtturm, der in der dunklen Nacht
der Seele unseren Weg erhellt.
Sei für uns da, wenn wir in schwerer Zeit
deine Hilfe brauchen. Behüte uns vor Schaden,
und zeige uns, wie wir unsere innigen
Wünsche erfüllen können. Stütze uns,
wenn wir schwanken, und hilf uns, gut,
liebevoll und wahr zu sein.
Amen.

Die Wahrheit befreit
den Geist und das Herz,
so dass wir klar sehen
und innig lieben können.

ERSTE WOCHE

DER ENGEL DER WAHRHEIT

Die Wahrheit finden wir im Hier und Jetzt. Wir sehnen uns danach, sowohl unser Ich als auch unsere göttliche Natur zu kennen. Wenn wir die größere Wirklichkeit begreifen, sehen wir die kleinen, banalen Dinge des täglichen Lebens mit anderen Augen.

Wir können erfüllter leben, wenn wir die Wahrheit unserer tiefsten Gefühle, unserer Sehnsüchte, Ängste und Zweifel eingestehen. Ehrlichkeit gegenüber uns selbst öffnet unser Energiefeld für belebende Energie und Heilung. Wenn wir in allen Situationen aufrichtig sind, finden wir angemessene, positive und gesunde Lösungen für unsere Probleme. Die Wahrheit macht frei – sie befreit uns von Illusionen und zeigt uns klare Lebensziele. Orientieren Sie sich an der Wahrheit, und treffen Sie kluge Entscheidungen.

MEDITATION

Was bedeutet Wahrheit für Sie? Die Wahrheit ist tief, und vielleicht stellt sie in Frage, was Ihnen im Leben wichtig ist. Fragen Sie sich, wie ehrlich Sie zu sich selbst und zu anderen sind und wie aufrichtig Sie mit Dingen und Menschen umgehen, die Ihnen etwas bedeuten. Halten Sie die Wahrheit immer in Ehren, und bewahren Sie sie im Herzen. Dadurch befreien Sie sich von Illusionen, die Ihre Freude und Ihr Selbstwertgefühl schmälern, und Sie öffnen Ihr Herz für die Heilung.

Gebet

Gesegneter Engel der Wahrheit,
bringe das Licht der Wahrheit
in unser Leben. Hilf uns, in jeder Situation
ehrlich zu sein. Lehre uns begreifen,
dass die Wahrheit unsere Rettung ist.
Mögen die Menschen, die uns lieben,
unsere Wahrheit ehren.
Nimm uns die Furcht vor der Wahrheit,
so dass wir aufrichtig leben können und heil
werden. Hilf uns, zwischen Wahrheit und
Illusion zu unterscheiden und die höchste
göttliche Wahrheit zu erkennen,
die unwandelbar ist.
Amen.

Gott gibt uns Mut, wenn wir an der Wahrheit festhalten.

ZWEITE WOCHE

DER ENGEL DES MUTES

Der Engel des Mutes ist Ariel, dessen Name „Meine Hilfe ist Gott“ bedeutet. Er ist einer der Engel, die das Tor des Südwinds bewachen, und er symbolisiert auch unsere höchsten Ideale. Wir brauchen Mut, um unser eigenes Leben zu führen und zu tun, was wir als richtig erkannt haben. Wenn wir den Mut haben, zu unserer Überzeugung zu stehen, kann es zu Konflikten mit anderen Menschen kommen, die glauben, sie wüssten besser als wir, was gut für uns ist. Wir brauchen auch oft Mut, um eine schwierige Aufgabe zu lösen oder eine schwere Krankheit zu überwinden. Der Engel des Mutes lehrt uns, dass immer für uns gesorgt ist, einerlei, was geschieht. Mit dieser Gewissheit bewaffnet, können wir den Ungewissheiten des Lebens trotzen und unser Vertrauen in die göttliche Vorsehung bewahren. Mut wird allen gewährt, die auf Gott bauen und seine Hilfe suchen.

Gebet

Engel des Mutes, gib uns Mut, um Angst, Zweifel und Sorgen zu überwinden. Zeige uns den Weg zu unserem höchsten Ziel, und gib uns die Kraft, unbeirrt unseren Lebensweg zu vollenden. Hilf uns, aus der Tiefe unserer Seele Mut zu schöpfen, wann immer wir ihn brauchen. Amen.

MEDITATION

Was bedeutet Mut für Sie? Sind Sie mutig genug, um Ihr eigenes Leben zu führen? Wenn Sie Gott um Hilfe bitten, schenkt er Ihnen Mut. Denken Sie daran, dass Sie nicht in jeder Situation furchtlos zu sein brauchen; Sie sollten nur bereit und fähig sein, Ihr Bestes zu geben und Herausforderungen zu bewältigen. Sie brauchen Mut, um den Weg Ihres Herzens zu gehen. Glauben Sie an Ihre Verbindung mit dem göttlichen Selbst, und holen Sie tief aus Ihrem Inneren den Mut, das zu tun, was Sie gerne tun. Seien Sie der Mensch, der Sie sein wollen.

Beherztes Handeln in Krisen und Konflikten macht uns stark.

DRITTE WOCHE

DER ENGEL DER STÄRKE

Wir werden nicht stark geboren, sondern wir wachsen an den Herausforderungen des Lebens. Das Leben enthüllt unsere positiven Seiten, es stärkt uns und lehrt uns, durchzuhalten und nach der höchsten Wahrheit zu streben. Wir brauchen innere Kraft, um die Aufgaben zu erfüllen, die uns wichtig sind. Diese Kraft ist eine Tugend der Weisen und Reifen; sie verbindet Geduld und Ausstrahlung mit dem Wissen, wann wir uns entspannen und ausruhen müssen und wann wir energisch zupacken sollen.

MEDITATION

Denken Sie an eine Zeit zurück, in der Sie unbedingt etwas Wichtiges erledigen mussten. Haben Sie in dieser Situation Ihr Bestes gegeben? Wenn ja, waren Sie gewiss stolz auf sich selbst. Auf diese Weise erwerben Sie Reife und Stärke.

Schauen Sie nach innen: Sie besitzen alles, was Sie brauchen, um eine Aufgabe zu lösen, die Sie sich stellen. Vielleicht müssen Sie viel Geld, Zeit und Kraft opfern; aber Sie wissen, dass Sie es schaffen, wenn es notwendig ist und wenn Sie Gott um Hilfe bitten.

Gebet

Engel der inneren Stärke, stütze uns, wenn wir aufgeben wollen, und hilf uns, unsere Aufgaben zu erfüllen. Gibt uns die Kraft, unsere Träume wahr zu machen und unsere Ziele zu erreichen. Amen.

Integrität ist Ganzheit – unsere Taten entsprechen unseren Worten.

VIERTE WOCHE

DER ENGEL DER INTEGRITÄT

Integrität ist die Fähigkeit, unsere Worte mit unserem Tun in Einklang zu bringen und bei allem, was wir tun, uns selbst treu zu bleiben. Wir müssen alle Menschen als Brüder und Schwestern behandeln und ihr göttliches Selbst achten.

Integere Menschen geben in jeder Situation ihr Bestes. Integrität unterscheidet gewöhnliche von herausragenden Menschen. Sie ist die natürliche Folge, wenn wir in unserem göttlichen Wesen fest verankert sind.

Gebet

Engel der Integrität, hilf uns, unseren Bund mit Gott einzuhalten und ehrlich, treu und ganz zu sein. Stehe uns bei, damit wir Entscheidungen treffen, die unser Wachstum fördern und unser inneres Wesen widerspiegeln. Mache uns stark, wenn wir versucht sind, der Menge zu folgen, anstatt für Gerechtigkeit einzutreten. Hilf uns, unserem wahren Selbst treu zu bleiben. Amen.

MEDITATION

Stimmt Ihr Handeln mit Ihren Worten überein? Haben Sie ein unfehlbares Gefühl für die Wahrheit? Alle Worte, die Sie aussprechen, haben Gewicht. Sagen Sie immer, was Sie meinen, und halten Sie Ihre Versprechungen nach besten Kräften?

Wenn Sie lügen oder Ihre innere Wahrheit missachten, trennen Sie sich vom strahlenden Licht in Ihrem Inneren. Sie fallen an den dunklen Ort zurück, der in uns allen ist, und Finsternis breitet sich aus. Lassen Sie Ihr Licht leuchten, indem Sie nach Ganzheit und Integrität streben. Glauben Sie an sich selbst, und seien Sie vertrauenswürdig, ehrbar und wahr.

Skorpion

23. Oktober bis 21. November

ELEMENT: *Wasser*

FARBE: *Wasserblau*

PLANET: *Pluto*

FESTE: *Laubhüttenfest*

Allerheiligen

Allerseelen

ANGEL: *Engel der Kreativität*

Unsere natürliche Kreativität ist das schönste Geschenk Gottes. Wir haben unendlich viele Möglichkeiten, das Beste in uns auszudrücken. Wenn wir schöpferisch tätig sind, durchflutet uns Lebenskraft, denn Kreativität ist ein Bestandteil unseres Seelenweges. Unser Geist strahlt und sehnt sich nach Erfüllung.

Wir sind dafür geschaffen, in allen Bereichen unseres Lebens kreativ zu sein. Dieser Drang hilft uns, wenn wir etwas in uns klären, läutern oder heilen müssen. Kreativität macht das Alte neu und ist unabhängig vom Alter, von der Herkunft und von den finanziellen Mitteln.

Wir sind kreativ, um erfüllt zu leben. Wenn Sie offen für die göttliche Energie sind und Ihre Kreativität blühen lassen, ändert sich Ihr ganzes Leben und Sie erfahren Freude und Ekstase.

Finden Sie heraus, was Ihr Herz entzückt, und entwickeln Sie Ihre Talente und Gaben. Ehren Sie Ihre kostbaren Fähigkeiten, indem Sie das Beste daraus machen. Kreativität ist ein Juwel, sie ist die Lebenskraft, die durch Sie Form und Gestalt annimmt. Der Engel der Kreativität fordert Sie auf, in jedem Bereich, den Sie ausgewählt haben, Ihr Bestes zu geben.

MEDITATION

Überlegen Sie, wie viel Freude Sie haben können, wenn Sie Ihre Kreativität nutzen. Sie können Ihre größten Talente dazu verwenden, den Teil Ihres Ichs zu fördern, zu inspirieren und zu stimulieren, der gerne Neues schafft. Haben Sie den Mut, der kreative Mensch zu werden, der Sie wirklich sind? Kreativität hilft Ihnen in jedem Bereich Ihres Lebens; sie ist nicht auf die Künste beschränkt. Nutzen und schätzen Sie Ihre schöpferischen Gaben – sie kommen unmittelbar aus der Quelle.

Gebet

Geliebter Engel der Kreativität, du bist die Energie, die dem Leben seine Formen gibt. Du zeigst uns die Farben und singst uns die Töne. Du zeigst uns den Tanz und bereitest uns den Weg, so dass wir unser wahres Wesen ausdrücken können. Wir danken dir für die vielen Gelegenheiten, Freude und Phantasie auszudrücken. Kreativität ist das Geschenk des Schöpfers für uns alle, sie ist nach dem Leben das größte Geschenk, das wir bekommen haben. Amen.

Engel der Woche

Empfindsamkeit ist eine Gabe, mit der wir andere bereichern können.

ERSTE WOCHE

DER ENGEL DER EMPFINDSAMKEIT

Empfindsamkeit entspringt der Tiefe unseres Wesens. Sie ist die Fähigkeit, die Umwelt bewusst wahrzunehmen und darauf zu reagieren. Viele Menschen wollen nicht zugeben, dass sie empfindsam sind, denn diese Gabe kann sowohl ein Segen als auch ein Fluch sein. Wenn Sie sich Ihrer Umwelt und deren subtilen Veränderungen völlig bewusst sind, aber Ihre Gefühle nicht bewältigen können, wird Ihre Empfindsamkeit zur Last. Wenn Sie sich jedoch gerne selbst ausdrücken und von Menschen unterstützt werden, die Ihre Talente verstehen und schätzen, sind Sie dankbar für Ihre Empfindsamkeit.

Geben Sie Ihren Gefühlen genügend Raum, um zu wachsen und sich weiterzuentwickeln. Erwerben Sie Fähigkeiten, bei denen Sie Ihre Empfindsamkeit sinnvoll nutzen können – vielleicht können Sie durch Ihre Empfindsamkeit andere heilen. Öffnen Sie Ihr Herz für die Bedürfnisse anderer, und schulen Sie Ihre Empfindsamkeit. Dann wird Gott Ihnen zeigen, wie Sie Ihre besondere Gabe am besten einsetzen können.

MEDITATION

Es ist wichtig, dass Sie Ihre Empfindsamkeit auf die höchste Stufe heben und nicht auf der Ebene des Leidens und der Schmerzen stehen bleiben. Nutzen Sie Ihre Empfindsamkeit, Ihr Einfühlungsvermögen und Ihre Bewusstheit, um zu lieben und zu heilen. Dann können Sie empfindsam sein, ohne selbst zu leiden, und Sie werden ausgewogener und stabiler.

Gebet

Lieber Engel der Empfindsamkeit, verwandle unsere Schmerzen in Freude und heile unser Herz, damit wir andere heilen können. Mache uns so empfindsam, dass wir sowohl das Leiden anderer als auch die Schönheit der Welt wahrnehmen. Hilf uns, unsere Talente sinnvoll zu nutzen. Lehre uns, Empfindsamkeit durch ein robustes und gesundes Ich auszugleichen, damit wir spüren, was richtig ist. Amen.

Engel der Woche

Gebet

Geliebter Engel der Talente,
du siehst unsere natürlichen Gaben,
bevor wir sie sehen,
auch wenn sie in uns schlummern,
weil wir sie noch nie genutzt haben.
Hilf uns, unsere Talente zu entdecken
und zu entwickeln, damit sie uns Freude
und Erfüllung bringen und andere heilen.
Viele von uns wissen, dass sie etwas ganz
Besonderes zu bieten haben.
Führe uns zu den Menschen,
die uns so akzeptieren, wie wir sind,
und unsere Talente nicht ausbeuten.
Hilf uns, den Teil unseres Ichs zu fördern,
den Gott uns gegeben hat, und zeige uns,
wie wir unsere Gaben schützen
und fördern können.
Amen.

Gott hat uns mit vielen Talenten gesegnet. Oft überraschen wir uns selbst damit.

ZWEITE WOCHE

DER ENGEL DER TALENTE

Uns ist nicht immer bewusst, dass wir ein besonderes Talent haben, aber manchmal kommt es in einer bestimmten Situation ans Tageslicht. Bisweilen merken wir sehr früh, dass ein Kind außergewöhnlich begabt ist, und vielleicht wollen wir es zu seinem Glück zwingen. Dadurch zerstören wir das Talent, weil wir dem Kind die natürliche Freude daran rauben. Ein chinesisches Sprichwort sagt: „Große Talente reifen spät." Wenn wir zu verantwortungsbewussten Erwachsenen heranreifen, entwickeln wir die notwendige Disziplin und Ausdauer, um schlummernde Talente zu wecken.

Wir brauchen Zeit und Hingabe, um ein Talent zum Heilen, Malen, Schreiben oder Komponieren heranzubilden. Wenn wir uns selbst ernst nehmen und schätzen lernen, was Gott uns gegeben hat, respektieren wir unsere besonderen Gaben. Wer ein Talent missbraucht, der missbraucht Gott. Darum müssen wir uns mit Menschen umgeben, die unsere Talente erkennen und uns ermutigen, sie zu fördern.

MEDITATION

Denken Sie über Ihre Talente nach. Welche schätzen Sie am meisten? Wollen Sie neue Talente entwickeln oder lieber warten, bis sie „von selbst" kommen? Freuen Sie sich über Ihre Talente und Fähigkeiten – es sind Gottesgaben, die Ihnen geschenkt wurden, damit Sie davon profitieren. Wenn Sie diese Gaben nutzen, nehmen Sie sich selbst ernst und drücken das Göttliche in Ihnen aus. Manche Talente wurden Ihnen in die Wiege gelegt, und es ist nie zu spät, davon Gebrauch zu machen. Denken Sie daran, dass Talente dazu bestimmt sind, den Weg durchs Leben leichter zu machen.

Wir alle müssen eine Lehrzeit durchmachen, in der wir aus Fehlern lernen.

DRITTE WOCHE

DER ENGEL DER LEHRZEIT

Wir müssen unsere Talente und Fähigkeiten schulen, um sie zu vervollkommnen. Die Phase, in der wir ausprobieren, was wir gelernt haben, nennt man Lehrzeit. Sie gibt uns die Gelegenheit, aus Fehlern zu lernen und unsere Talente in neuen Situationen anzuwenden. Natürlich sind wir nicht vollkommen; aber wir geben unser Bestes. Leider sind nur wenige Menschen bereit, in die Lehre zu gehen. Diese Zeit kann anstrengend sein, und wir brauchen Mut und Ausdauer, um trotz aller Enttäuschungen unser Ziel zu erreichen. Aber wenn wir nicht zu selbstkritisch sind und Hilfe suchen, wenn wir sie brauchen, bleiben wir auf dem rechten Weg. Gute Freunde und verständnisvolle Lehrer können einen großen Beitrag dazu leisten.

Gebet

Geliebter Engel der Lehrzeit, hilf uns,
in der jetzigen Situation unser Bestes zu geben.
Lehre uns, harsche Selbstkritik zu vermeiden
und nicht zuviel von uns selbst zu verlangen,
damit wir aus unseren Fehlern lernen und uns
neuen Herausforderungen mutig stellen.
Gib uns Zufriedenheit in jeder Phase des
Lernens, und halte uns vor Augen,
dass Meisterschaft jahrelanges Lernen und
Üben voraussetzt.
Amen.

MEDITATION

Lernen Sie immer wieder etwas Neues. Es ist erfrischend, neue Situationen kennen zu lernen, aber manchmal auch anstrengend. Klopfen Sie sich auf die Schulter, wenn Sie eine neue Herausforderung angenommen und bestanden haben. Versuchen Sie nicht, vollkommen zu sein, und lernen Sie aus Fehlern, anstatt sich selbst zu kritisieren. Behandeln Sie sich so, wie Sie einen guten, lernwilligen Schüler behandeln würden, wenn er auf ein Problem stößt, das er noch nicht lösen kann. Dadurch stärken Sie Ihre Motivation.

1023.

Meisterschaft setzt totale Hingabe und Liebe zum Leben voraus.

VIERTE WOCHE

DER ENGEL DER MEISTERSCHAFT

Meisterschaft erwerben wir durch lange Erfahrung, durch Versuch und Irrtum und durch totale Hingabe. Das kann Jahre dauern, selbst wenn andere den Eindruck haben, dass wir eine Fertigkeit mühelos beherrschen. Ein Meister hat Prüfungen bestanden, schwere Zeiten durchgemacht und Hindernisse bewältigt. Er ist zäh, erfinderisch und anpassungsfähig im Denken und im Handeln. Der Titel „Meister" setzt eine starke Ausstrahlung voraus.

Jeder Mensch kann ein Meister werden unabhängig vom Alter, von der Rasse, vom Geschlecht und von der Herkunft. Ein Meister kann anderen Menschen helfen, ihre Ziele zu erreichen. Es ist inspirierend, einen Meister bei seiner Arbeit zu beobachten. Wir ehren alle wahren Meister und haben Respekt vor der Energie, die sie aufwenden mussten, um ihre Fertigkeit zu erwerben. Wenn Sie nach Meisterschaft streben, müssen Sie es von ganzem Herzen tun.

MEDITATION

Was würden Sie in Ihrem Leben gerne meistern? Gibt es ein Ziel, von dem Sie träumen und dem Ihre ganze Leidenschaft gilt? Sie können ein Meister des Lebens werden, wenn Sie nach Integrität, Ehre und Wahrheit streben. Ein Lebensmeister liebt Gott; er ist ein guter Freund, ein treuer Partner und in jeder Hinsicht ein sympathischer Mensch. Die Lebensmeisterschaft ist ein Beweis für die Tiefe Ihrer Hingabe und Ihrer Liebe zum Leben.

Gebet

Engel der Meisterschaft, gib uns Geduld und Demut, damit wir im Privatleben und im Beruf einen hohen Entwicklungsstand erreichen. Gib uns Ausdauer, damit wir Prüfungen bestehen und aus Fehlern lernen. Wir ehren jene, die nach Meisterschaft streben, und wir achten ihre Einsatzbereitschaft und ihre Entschlusskraft. Amen.

Schütze

22. November bis 20. Dezember

ELEMENT: *Feuer*

FARBE: *Blau*

PLANET: *Jupiter*

FEST: *Advent*

ENGEL: *Engel des Forscherdrangs*

Dies ist das Tierkreiszeichen des Forschergeistes. Der Schütze in uns will reisen, studieren und entdecken. Auch wenn wir tief in unser Inneres blicken, kommen wir zu wichtigen Einsichten. Wenn wir wissen, warum wir negativ denken, Angst haben oder grollen, können wir uns ändern und unser Licht heller scheinen lassen.

Wir müssen risikobereit sein, wenn wir uns selbst oder die Welt erforschen wollen. Der Engel des Forscherdrangs ist unser Sicherheitsnetz; er sorgt dafür, dass wir nicht den Körper oder die Seele gefährden. Wir bitten ihn um Unterstützung und Führung, damit wir neue Erfahrungen machen können, die uns bereichern. Aber wir kommen immer zum Schöpfer zurück, und wenn wir am Ziel sind, sehen wir das Licht und wissen, dass alles gut und eins ist.

Gebet

Engel des Forscherdrangs,
lasse dein Licht in uns leuchten,
damit unsere Fehler
dahinschmelzen.
Gib uns Wissensdurst und Neugier,
entfache unsere Sehnsucht nach
Wissen. Lehre uns Ehrfurcht vor
dem ewigen Mysterium,
das nie enthüllt werden kann,
und erfülle uns mit Staunen
angesichts der Schöpfung.
Amen.

MEDITATION

Denken Sie an eine Zeit zurück, als Sie unbedingt wissen wollten, wie etwas funktioniert oder warum jemand etwas getan hat. Sind Sie immer noch so neugierig? Entzünden Sie Ihre Begeisterung neu, und untersuchen Sie, was geschieht, wenn Sie Menschen und Dinge lieben und respektvoll behandeln. Denken Sie über die Heilkräfte der Natur nach, überlegen Sie, was die Natur uns allen gibt, damit wir es nutzen. Wecken Sie Ihren schlummernden Forscherdrang auf.

Ruigno uecchio
S. Nicolò
Porto
Albedroi
S.Daniel
La Fasana
Teatro
Srignan
S. Zen
POLA
Azan
Pomer
Il Nicufil
S. Nicolò
Punta di Val di Figo
Le due Sorelle
S.Andrea
PASSVS GEOMETRICI COMMVN

Das größte Abenteuer ist die innere Suche nach spirituellen Schätzen.

ERSTE WOCHE

DER ENGEL DES ABENTEUERS

Der Mensch hat viele Herausforderungen in der Natur bewältigt, und er ist heute abenteuerlustiger und neugieriger denn je. In der Jugend, wenn wir vital sind und unser inneres Wissen noch schlummert, locken uns physische Abenteuer; doch wenn wir reifer werden, suchen wir Abenteuer auf der inneren Ebene und wollen wissen, wie Gott in uns und durch uns wirkt, um unseren Geist zu transformieren und zu läutern. Diese Odyssee verlangt mindestens ebenso viel Mut und Ausdauer wie die Erforschung der Welt.

Wenn wir nach innen schauen, erfüllt uns tiefes Staunen, und wir entdecken große Schätze. Die Suche nach unserem inneren Reichtum ist das größte aller Abenteuer, weil niemand diese Reichtümer verderben oder uns wegnehmen kann – außer wir selbst.

MEDITATION

Denken Sie über die Abenteuer nach, die Sie erlebt haben. Was haben Sie dabei über sich selbst herausgefunden? Ist Ihnen bewusst, dass Sie Kraft und Entschlossenheit brauchten, um alte Geleise zu verlassen? Jedes Streben nach Wissen, Weisheit und innerem Licht führt uns tiefer in das innere Reich des Unbekannten und zeigt uns, wer wir sind. Das gilt für ein Abenteuer in der Welt ebenso wie für die Reise nach innen.

Gebet

*Engel des Abenteuers, hilf uns,
unser profanes Leben zu transformieren,
damit wir das Licht und die Freude suchen,
deren Quelle die Erkenntnis ist,
dass wir Kinder Gottes sind.
Dieses Wissen ist unser Schatz.
Zeige uns, wo wir das innere Gold
unseres Geistes finden und wo wir unser
wahres Selbst entdecken,
wenn wir uns auf dieses
Abenteuer einlassen.
Amen.*

Die Sehnsucht nach Wissen wird von der Flamme des Lebens gespeist.

ZWEITE WOCHE

DER ENGEL DER NEUGIER

Neugier ist der natürliche Wunsch, mehr über das Leben und die Welt zu erfahren. Als Kinder waren wir immer neugierig und stellten viele Fragen. Unsere Eltern und Lehrer versuchten, diesen Wissensdrang zu bremsen, um uns vor Schaden zu bewahren. Wir mussten lernen und uns anpassen, und oft wurde unsere Abenteuerlust unterdrückt.

Sie können Ihre Neugier wieder entfachen, wenn Sie nach der Flamme suchen, die tief in Ihnen brennt. Ist es nicht erstaunlich, dass sie niemals schwächer wird, trotz aller negativen Erfahrungen in Ihrem Leben? Ist es nicht verlockend, mehr über diese ewige Flamme zu erfahren, die den Geist belebt, die Träume erleuchtet und die Gefühle beflügelt? Ihre Neugier ist gerechtfertigt, denn sie ist der göttliche Funke, der Animus, der Sie am Leben erhält.

MEDITATION

Was ist Ihnen wirklich wichtig, was interessiert Sie am meisten? Ist es der banale Klatsch unter Freunden und Angehörigen, oder sind es die Zusammenhänge in der Welt und im Kosmos? Überlegen Sie, was Sie gerne tiefer ergründen würden. Lassen Sie Ihrer Neugier freien Lauf, und erforschen Sie diese Gebiete. Öffnen Sie die Tür zu neuen Möglichkeiten.

Gebet

Lieber Engel der Neugier, entzünde dein Licht in uns, damit wir nach innen schauen können und sehen, wo wir sind und wohin wir gehen wollen. Mache uns neugierig auf die Natur des Universums, die Blumen des Frühlings und das Leben nach dem Tod. Hilf uns, Antworten zu finden und die Grenzen des Körpers und des Verstandes zu überschreiten, so dass wir umfassender denken und uns inniger freuen können. Amen.

Wir selbst sind die Quelle günstiger Gelegenheiten.

DRITTE WOCHE

DER ENGEL DER GUTEN GELEGENHEIT

Gute Gelegenheiten bieten sich, wenn wir aufgeschlossen sind und akzeptiert haben, dass wir von Natur aus gut sind. Sie sind die Früchte unserer Transformation. Wir alle haben ab und zu die Chance, unser Licht leuchten zu lassen und unsere Talente zu nutzen. Wir müssen dankbar dafür sein, dass wir unser inneres Licht stärken dürfen.

Wir sollten auch begreifen, dass solche Gelegenheiten unseren Wunsch widerspiegeln, unser Potenzial zu erweitern und voll zu nutzen. Darum sind diese Chancen keine zufälligen Ereignisse, sie „passieren“ nicht, sondern wir sind selbst dafür verantwortlich.

Gebet

Geliebter Engel der guten Gelegenheit,
lasse unser Licht leuchten und öffne uns
die Augen, damit wir sehen, dass eine
vermeintlich unangenehme Aufgabe in
Wahrheit eine Chance ist,
das Beste aus uns herauszuholen.
Zeige uns deutlich, dass jede gute Gelegenheit
ein Geschenk ist, das unser Licht zum
Leuchten bringt.
Amen.

MEDITATION

Denken Sie an die wichtigen Dinge in Ihrem Leben, vor allem wenn sie mit Zweifeln oder Angst behaftet sind. Sind Sie bereit, daraus das Beste zu machen? Wenn ja, werden sich Ihnen immer wieder gute Gelegenheiten bieten, glücklich zu sein und Erfüllung zu finden. Denken Sie an die Chancen, die Sie bereits gehabt haben. Wie viele haben Sie verpasst, weil Sie fürchteten, nicht gut genug zu sein? Wie viele haben Sie übersehen? Jeder Augenblick ist eine Gelegenheit, das Beste zu sein und zu tun. Sagen Sie ja, wenn Sie die Chance haben, sich selbst auszudrücken und erfüllter zu leben.

Wir haben größere Chancen im Leben, wenn wir den Wandel begrüßen.

VIERTE WOCHE

DER ENGEL DER EXPANSION

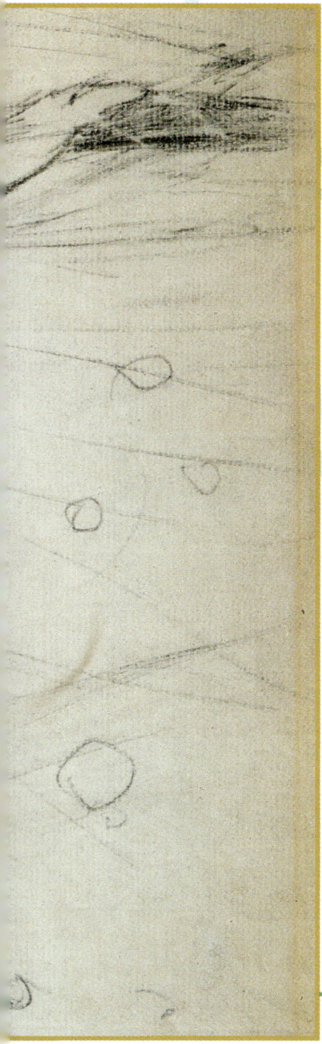

Expansion heißt, die Basis unserer Einsicht breiter machen und tiefer in das unbekannte Reich des Möglichen vorzustoßen. Das Leben verlangt von uns, die Grenzen unseres Denkens, unserer Gefühle und unserer körperlichen Leistungen hinauszuschieben. Wenn wir unsere Fähigkeiten vergrößern, wächst unser Geist und jubelt über seine neuen Möglichkeiten.

Unser Horizont wird größer, wenn wir uns bemühen, unser Potenzial voll zu nutzen. Aber wir können nur dann zu neuen Ufern vorstoßen, wenn wir bereit sind, das Bequeme und Vertraute aufzugeben und einen Schritt ins Unbekannte zu wagen. Oft hält Trägheit uns zurück, aber auch die Gewohnheit und die Angst vor Veränderungen und vor dem Scheitern. Das alles beschränkt unsere Fähigkeit, das Neue zu genießen und Großes zu leisten. Wenn wir abwägen, was für oder gegen die Expansion unseres Universums spricht, stellen wir fest, dass es sich trotz aller Risiken lohnt, den Sprung ins Unbekannte zu wagen.

MEDITATION

Wenn wir unsere Grenzen realistisch betrachten und trotzdem nach neuen Möglichkeiten suchen, denken wir visionär. Auch Sie können Ihren Horizont erweitern, und Sie haben das Gute verdient, nach dem Sie sich sehnen. Sagen Sie ja zu Ihrem Wunsch, das Leben intensiver zu genießen. Je fester Sie daran glauben, dass Sie Ihre Ziele erreichen können, desto mehr Platz schaffen Sie in Ihrem Herzen und in Ihrem Geist für das Neue.

Gebet

Lieber Engel der Expansion, wir rufen dich jedes Mal, wenn wir nicht mehr weiter wissen, und wir bitten dich, unseren Horizont zu erweitern, damit wir vernünftige Risiken eingehen. Mache uns bewusst, dass Gott immer bei uns ist, und hilf uns, das Leben intensiver zu genießen.
Amen.

Winter

Der Winter ist die Zeit der Dunkelheit, der Ruhe und der Erholung. Jetzt können wir uns nach innen wenden und Kontakt mit unserem inneren Licht aufnehmen.

Die Wintersonnenwende am 21. Dezember steht unter der Schirmherrschaft des Erzengels Gabriel, der Gottes Wort verkündet.

Im Winter haben wir Gelegenheit, die Tiefen unserer Persönlichkeit zu erkunden und innere Stärke und verborgene Schätze zu entdecken. Die Tage werden kürzer, und die Sonne verschwindet oft; wir tun weniger, schlafen länger und reisen nach innen, um den Kern unseres Wesens zu finden. Dies ist eine Zeit des Glaubens, der Bekräftigung und der klaren Entschlüsse. Wir haben Zeit, uns auf Beziehungen und auf alles, was uns wichtig ist, zu konzentrieren.

Jetzt können wir eine blühende innere Welt erschaffen und dadurch unseren Glauben an das innere Licht bekräftigen. Wenn wir meditieren und visualisieren, erreichen wir das Unbewusste, wo unsere Träume aus dem Stoff unserer Wünsche gewoben werden.

Im Winter träumen wir den großen Traum unseres Lebens. Es ist eine kreative Zeit, in der wir unser inneres Licht stärken, indem wir uns Gott zuwenden.

Gebet für den Frieden

Geliebter Gabriel, du bringst uns Gottes Kraft und hilfst uns, die höchste Wahrheit auszusprechen. Gib uns die richtigen Worte und den Mut, Unrecht anzuprangern, auch wenn andere stumm bleiben. Sei unser Beschützer, wenn wir unsere Gefühle und Gedanken äußern. Leite alle Menschen, die etwas in der Welt bewirken können. Gib uns Macht über unsere Sprache, damit wir die Herrlichkeit Gottes verkünden können.
Amen.

MEDITATION

Denken Sie über Redefreiheit nach, eines der wichtigsten Grundrechte. Wenn wir die Wahrheit unterdrücken, erzeugen wir negative Energie, die uns Angst einflößt. Wie sehr schätzen Sie Ihr Recht, Ihre Meinung offen zu sagen und Gefühle auszudrücken? Rufen Sie Gabriel an, wenn Sie die Chance haben, die Wahrheit zu sagen, und beanspruchen Sie Ihren Anteil an Gottes Herrlichkeit. Er hilft Ihnen auszusprechen, was Sie denken und fühlen.

Der Erzengel Gabriel

Gabriel ist im Judentum, im Christentum und im Islam der zweithöchste Engel. Sein Name bedeutet „Gott ist meine Stärke“, und er ist der Bote des göttlichen Trostes. Er verkündete der Jungfrau Maria, dass sie den Sohn Gottes gebären würde. Außerdem kennen wir ihn als Engel der Auferstehung, der Gnade, der Vergeltung, des Todes und der Offenbarung.

Gabriel herrscht über das Paradies auf der ersten himmlischen Ebene. Er sitzt zur Rechten Gottes. Im Islam ist er der „treue Geist“ und der „Schreckliche an Macht“, der Mohammed den Koran offenbarte und ihn einmal in den Himmel führte. Bei den Juden ist Gabriel auch der Fürst des Feuers, das Sodom und Gomorra vernichtete.

Gabriel hat große Wunder vollbracht. Er erschien Johanna von Orléans und inspirierte sie, dem König von Frankreich zu helfen, und er ist der Engel des Mondes, der den Menschen Hoffnung bringt.

Gabriel symbolisiert das Wort Gottes und die höchste Wahrheit. Wir rufen ihn, wenn wir spüren, dass wir laut die Wahrheit sagen müssen. Er hilft allen, die öffentlich reden und die hohe Wahrheit verkünden – Schriftstellern, Lehrern, Schauspielern, Priestern und Heilern.

	Steinbock 21. Dezember – 19. Januar	Wassermann 20. Januar – 18. Februar	Fische 19. Februar – 20. März
ELEMENT	Erde	Luft	Wasser
FARBE	Indigo	Violett	Purpur
PLANET	Saturn	Saturn	Jupiter
KÖRPERTEIL	Knie	Beine und Knöchel	Füße und Zehen
ENGEL	*Engel der Ganzheit*	*Engel der Freundschaft*	*Engel der Vergebung*
FESTE	LICHTFEST *Engel der Wunder* WEIHNACHT *Engel des göttlichen Lichts*	LICHTMESS *Engel der Ehre*	JOM HASCHOA *Engel der Erinnerung*
ENGEL DER WOCHE			
1. WOCHE	*Engel der Individualität*	*Engel der Fürsorge*	*Engel des Kummers*
2. WOCHE	*Engel der Entscheidung*	*Engel des Teilens*	*Engel der Versöhnung*
3. WOCHE	*Engel der Hingabe*	*Engel der Liebe*	*Engel des Loslassens*
4. WOCHE	*Engel der Freiheit*	*Engel der Brüderlichkeit*	*Engel des Abschieds*

Steinbock

21. Dezember bis 19. Januar

ELEMENT: *Erde*

FARBE: *Indigo*

PLANET: *Saturn*

FEST: *Lichtfest*

Weihnacht

ENGEL: *Engel der Ganzheit*

Wenn wir uns des göttlichen Lichts in unserem Wesenskern bewusst werden, fühlen wir uns ganz, und wir wissen, dass wir viel mehr sind, als wir geglaubt haben.

Menschen, die ein Trauma oder eine Tragödie hinter sich haben, leiden darunter. Dennoch sind sie nicht weniger ganz. Wenn wir erkennen, dass wir tief im Inneren ganz sind, werden wir nie mehr zum Spielball der äußeren Umstände; wir stehen fest auf einem spirituellen Fundament und spiegeln die Essenz Gottes hinaus in die Welt. Wir haben immer die Freiheit, uns mit dem Ganzen und nicht mit den zerbrechlichen Teilen unserer Persönlichkeit zu identifizieren.

Der Steinbock symbolisiert klare Sicht, Ehrgeiz, Streben und Engagement für den Aufbau einer besseren Welt. Wer unter diesem Zeichen geboren wurde, kann hart arbeiten, solide Fundamente und Strukturen errichten und in wirren Situationen für Recht und Ordnung sorgen. Der Engel der Ganzheit ergänzt den Steinbock, weil er scharfe Kanten beseitigt. Ganz sein heißt auch, die Starken und die Schwachen zu lieben, verwundbar und unbesiegbar, weich und hart zu sein.

Gebet

Geliebter Engel der Ganzheit, hilf uns,
unsere wahre Natur zu finden.
Wir können uns in jeder Situation dafür
entscheiden, wir selbst zu sein.
Erinnere uns daran,
dass ein Teil von uns niemals wankt
und immer ganz ist. Lasse dein Licht
über uns leuchten, damit wir die richtigen
Entscheidungen treffen.
Amen.

MEDITATION

Denken Sie über Ihre wahre Natur nach. Das ist der tiefste Ort in Ihnen, der immer wach, bewusst, ganz, gesund und heil ist. Nichts kann ihn zerstören. Wenn Sie diesen göttlichen Teil Ihres Selbstes erkennen und sich mit ihm identifizieren, finden Sie Freude und Heilung und können die Vergangenheit ablegen. Sie können diesen Ort jederzeit aufsuchen, wenn Sie sich nicht ganz fühlen. Dort erhalten Sie Liebe, Trost und Wissen.

Das Werden eines Individuums ist ein Übergangsritus.

ERSTE WOCHE

DER ENGEL DER INDIVIDUALITÄT

Individualität ist die Essenz eines differenzierten Bewusstseins, das sowohl im Hier und Jetzt als auch im größeren Ganzen wohnt. Die Individualität ist kein äußerer Aspekt, sondern untrennbar mit Selbsterkenntnis verbunden.

Wenn wir unsere Individualität akzeptieren, lieben und verstehen wir uns so, wie wir wirklich sind. Wenn wir sagen: „Ich bin der ich bin“, öffnen wir die Tür zu unbegrenzter spiritueller Energie und verankern gleichzeitig unsere Identität im höheren Selbst. Das Werden eines Individuums ist ein Übergangsritus: Wir lösen uns vom kollektiven Unbewussten, das die Familie und die Gemeinschaft regiert, und lernen, für das einzutreten, was wir als richtig und gut erkannt haben. Jeder Mensch hat das Recht zu wissen, wer er wirklich ist.

Gebet

Lieber Engel der Individualität,
wir danken dir dafür, dass du unser Gefühl der Identität vertieft und uns gelehrt hast, dass wir einzigartig und dennoch ein Teil des Ganzen sind. Hilf uns herauszufinden, wer wir sind, damit wir bewusst Entscheidungen treffen können, die für uns sinnvoll sind und unser Leben bereichern.
Amen.

MEDITATION

Denken Sie über die Eigenschaften nach, die Sie als Individuum besitzen. Sagen Sie die Wahrheit, und wissen Sie, was Ihnen gefällt oder missfällt? Ihre Individualität gründet auf Ihren Erfahrungen und auf Ihrer Einstellung zur Welt. Überlegen Sie, was Sie von anderen unterscheidet und was Sie anderen ähnlich macht. Denken Sie darüber nach, womit Sie sich identifizieren und ob es nicht sinnvoll wäre, Ihr Selbstbild zu ändern. Sie definieren Ihre Individualität von innen her.

Gebet

Geliebter Engel der Entscheidung, hilf uns, die richtigen Entscheidungen zu treffen. Mache uns aufgeschlossen für Menschen und Dinge, die unser Leben bereichern und unser Wachstum fördern. Hilf uns, ein Entwicklungsstadium zu erreichen, das unsere Spiritualität und unser Wohlbefinden vertieft.
Amen.

Entscheidungs-freiheit ist ein Ausdruck unserer Göttlichkeit.

ZWEITE WOCHE

DER ENGEL DER ENTSCHEIDUNG

Wir dürfen selbst entscheiden, wie wir leben und unsere höheren Ziele erreichen wollen. Wenn es mehrere Möglichkeiten gibt, können wir unsere Individualität voll ausleben; doch wenn es keine Alternative gibt, werden wir in eine enge, uniforme Schablone gepresst.

Die Fähigkeit, eigene Entscheidungen zu treffen, unterscheidet freie Menschen von jenen, die aus irgendeinem Grund einem vorgezeichneten Weg folgen müssen. Entscheidungsfreiheit unterscheidet uns von den Tieren. Wir können den Weg wählen, der zum höchsten Ziel führt, aber auch den Weg in den Abgrund. Wenn wir von den Meinungen anderer abhängig sind, verzichten wir auf unsere Freiheit. Machen Sie von Ihrem Recht Gebrauch, eigene Entscheidungen zu treffen.

MEDITATION

Denken Sie über Ihre Fähigkeit nach, die richtigen Entscheidungen zu treffen. Haben Sie Ihren Lebensweg bewusst und selbst gewählt, oder machen Sie andere Leute oder das Schicksal für Ihre Situation verantwortlich? Vertrauen Sie darauf, dass Sie die Menschen und Situationen wählen können, die Ihnen Freude bereiten und die Sie Ihrem höchsten Ziel näher bringen. Betrachten Sie alle Erfahrungen als Lektionen, die Ihnen beibringen, Ihr Potenzial voll zu nutzen. Jedes Ereignis im Leben stärkt Ihre Fähigkeit, eigene Entscheidungen zu treffen. So entdecken Sie die Gesetze der Wahrheit.

Hingabe öffnet die Türen des Lebens für uns.

DRITTE WOCHE

DER ENGEL DER HINGABE

Hingabe ist eine Reaktion, die den Körper, die Seele und den Geist einbezieht. Sie ist eine großherzige Umarmung, die das Leben, unsere Entscheidungen und uns selbst bekräftigt.

Heutzutage wollen viele Menschen sich nicht engagieren. Sie sind der Illusion verfallen, etwas Besseres warte auf sie, oder sie fürchten, Wahlmöglichkeiten zu verlieren. Dieses Zögern spiegelt Angst wider. Wenn wir zur Hingabe fähig sind, stellen wir den höchsten Teil unseres Geistes in den Dienst für das Leben. Hingabe schafft einen heiligen Raum, in dem Ganzheit und Heilung möglich sind. Wenn wir uns nur halbherzig engagieren, sehnt unser Herz sich danach, mehr zu geben und mehr zu empfangen. Hingabe bringt uns auf den Weg zum Wachstum und zur Selbsterkenntnis.

MEDITATION

Denken Sie darüber nach, mit welcher Hingabe Sie sich Ihren Beziehungen, Ihrer Arbeit, Ihrer Gesundheit, Ihrem Glück und Ihrem spirituellen Wachstum widmen. Sind Sie fest entschlossen, nach den höchsten Grundsätzen der Liebe und der Freude zu leben? Ehren Sie sich selbst, und hören Sie auf Gott, der in Ihnen spricht. Je mehr Sie sich selbst ehren, desto erfüllter und reicher wird Ihr Leben. Wenn Sie zur Selbsthingabe fähig sind, können Sie sich auch für andere einsetzen.

Gebet

Engel der Hingabe, stärke unsere Hingabe an das Leben, damit wir frei sind, das Beste aus uns zu machen und aus der Tiefe unseres Herzens zu geben. Wenn wir nicht ganz im Augenblick leben, berauben wir uns der Möglichkeit zu entdecken, wer wir wirklich sind. Hilf uns, Angst und unreife Gedanken zu überwinden, so dass wir nicht wanken und zu totaler Hingabe fähig sind. Amen.

Die Freiheit ist unser kostbarstes Geschenk. Weil wir frei sind, können wir unser Schicksal erfüllen.

VIERTE WOCHE

DER ENGEL DER FREIHEIT

Freiheit ist die höchste aller Gottesgaben. Sie ist allein dem Menschen vorbehalten, der somit zwischen gut und böse unterscheiden kann. Die Freiheit lebt im Kern unseres Wesens und verlangt, dass wir uns selbst immer treu bleiben. Es steht uns frei, unser Schicksal als Gottes Kinder zu erfüllen oder nicht. Wir speisen die Flamme der Freiheit durch unsere Lebensweise. Wenn wir heranreifen, lernen wir, unsere Freiheit auf schöpferische, fröhliche Weise zu nutzen, ohne die Freiheit anderer einzuschränken. Die Freiheit blüht, wenn ihr innere Bewusstheit und Verantwortung sich gegenüberstehen.

Wir müssen frei sein, Fehler zu machen, unsere Meinung zu ändern und sogar zeitweilig falsche Wege zu gehen. Gott will, dass wir freiwillig zu ihm kommen.

Gebet

Engel der Freiheit, lehre uns, dass du unser Leben transformieren kannst. Führe uns in die Freiheit, weg von den Fesseln des sklavischen Denkens und Lebens. Lehre uns, die Verantwortung für unser Handeln zu übernehmen, und bewahre uns vor moralischem Verfall. Möge unser innerstes Wesen Freiheit ausstrahlen. Amen.

MEDITATION

Waren Sie schon einmal gezwungen, eine wichtige Entscheidung zu treffen, die Ihr Leben oder das Leben anderer beeinflusste? Es gab zwar vieles zu bedenken, aber im Grunde wussten Sie, dass nur ein Weg der richtige war. Solche Entscheidungen fließen aus den Tiefen Ihres Seins, selbst wenn sie schwierig oder schmerzlich sind. Das ist der Teil von Ihnen, der die Freiheit liebt. Akzeptieren Sie diesen Teil Ihres Selbstes, der freiwillig beschlossen hat, verantwortlich zu handeln und das Beste für Sie und Ihre Nächsten zu tun. Danken Sie für die Freiheit, Ihren Lebensweg wählen zu dürfen. Unsere Entscheidungen stoßen nicht immer auf Zustimmung; dennoch gehen Sie auf das Licht tief in unserem Inneren zurück, das sich nach Freiheit sehnt.

Wassermann

20. Januar bis 18. Februar

ELEMENT: *Luft*

FARBE: *Violett*

PLANET: *Saturn*

FEST: *Lichtmess*

ENGEL: *Engel der Freundschaft*

Freundschaft erfüllt unsere tiefe Sehnsucht nach Liebe und Anerkennung. Was wir in uns am höchsten schätzen, spiegelt sich in unseren Freundschaften wider: Humor, Wahrheit und Schönheit. Die Freundschaft enthüllt unsere Freude und unsere Verwundbarkeit und stillt unser Verlangen nach Nähe zu Menschen, die uns verstehen und gern haben. Wahre Freunde akzeptieren Unterschiede, geben dem anderen Freiraum und wollen ihn nicht ändern. Eine Freundschaft kann das Beste aus uns herausholen und übersteht eine räumliche Trennung ebenso wie den Wandel der Zeit.

Der Wassermann ist ein Symbol der Freundschaft. Aufgeschlossenheit, Großherzigkeit, Idealismus, Verantwortung und klares Denken bringen Akzeptanz, Einsicht und Liebe in eine Freundschaft. Wenn Sie einen Freund brauchen, dürfen Sie den Engel der Freundschaft anrufen. Er bringt Sie in Kontakt mit einer wertvollen Seele, denn Sie haben Freunde verdient, die das Licht in Ihnen sehen und Sie so ehren und lieben, wie Sie sind.

MEDITATION

Denken Sie an die Menschen in Ihrem Leben, die in Zeiten des Wandels und des Übergangs mit Ihnen Freundschaft schlossen. Segnen Sie sie, und öffnen Sie Ihr Herz und Ihren Verstand für den Sinn der Freundschaft. Seien Sie dankbar für Freunde, die Sie in liebevollem Licht sehen, an Sie glauben und auf Ihrer Seite bleiben, einerlei, was Sie tun. Schaffen Sie in Ihrem Herzen Raum für die Freunde Ihrer Jugend, für Ihre derzeitigen Freunde und für jene Freunde, die Ihnen in schwierigen Zeiten geholfen haben. Seien Sie auch sich selbst ein guter Freund in allen Lebenslagen.

Gebet

*Engel der
Freundschaft, gib uns
gute Beziehungen,
die Persönlichkeits-
unterschiede ebenso
verkraften wie
Trennung in Zeit und
Raum. Freundschaft
ist eine wundervolle
Erfahrung in Zeiten
des Kummers oder
der Not und ein
Segen in Zeiten der
Freude und des
Wohlstands. Erfülle
uns mit Dankbarkeit
gegenüber unseren
Freunden, und hilf
uns, neue Freunde zu
finden. Wir suchen
verwandte Seelen,
die das Beste in uns
widerspiegeln.
Amen.*

Die Fürsorglichkeit eines warmen Herzens ist ansteckend.

ERSTE WOCHE

DER ENGEL DER FÜRSORGE

Wenn wir uns um andere Menschen kümmern, sind auch unsere Gedanken und Gefühle beteiligt. Ihr Leben und ihre Probleme berühren unser Herz. Wir sorgen nicht nur aktiv für sie, sondern sie stehen auch im Mittelpunkt unserer Gefühle.

Wenn Sie fürsorglich sind, hat das Leben Sie geprägt: Sie haben ein offenes Herz, und Sie können fühlen, was um Sie herum vorgeht, und darauf reagieren. Fürsorge ist ein Zeichen dafür, dass Sie menschlich sind und dass Ihre Wertvorstellungen fest in der Wahrheit verwurzelt sind, nicht in den oberflächlichen, materialistischen Normen der modernen Gesellschaft. Fürsorgliche Menschen wärmen unser Herz und ermutigen uns, den Platz in unserem Inneren zu suchen, wo wir ebenfalls fürsorglich sind. Wir fühlen uns immer wohl, wenn wir uns um andere kümmern, wenn wir unser Herz sprechen lassen und mitfühlend sind.

MEDITATION

Denken Sie darüber nach, wem Ihre Fürsorge gilt und wer fürsorglich zu Ihnen ist. Beten Sie für diese Menschen, bitten Sie um Heilung und Glück für sie, ermutigen und unterstützen Sie sie. Fürsorglichkeit öffnet das Herz und füllt es mit Mitgefühl für alle lebenden Wesen; sie verleiht Ihnen Adel und lockt die Engel an, die ihrer Natur nach fürsorglich sind. Fürsorglichkeit ist eines der schönsten Geschenke, die Sie der Welt machen können; sie spiegelt Ihre Menschlichkeit wider und macht Sie den Engeln ähnlicher.

Gebet

Geliebter Engel der Fürsorge, du erfüllst unser Herz mit Fürsorglichkeit und bereicherst jeden Aspekt unserer Beziehungen. Fürsorge bindet uns an andere Wesen und tröstet uns, wenn wir allein oder verwundbar sind. Wir sind ewig liebenswert und menschlich, weil wir wissen, dass wir Fürsorge empfangen und geben können. Amen.

Teilen ist ein Ausdruck der Liebe und Verbundenheit.

ZWEITE WOCHE

DER ENGEL DES TEILENS

Sind Sie bereit, dass Beste, was Sie haben, mit anderen zu teilen? Gibt es andere, die mit Ihnen teilen? Teilen ist eine soziale Erfahrung, wenn wir Wohlstand, Besitz oder Nahrung teilen; aber es ist auch eine emotionale Erfahrung, wenn wir Gefühle, Gedanken und Ideen teilen.

Durch Teilen bekräftigen wir, dass wir ein Teil eines größeren Ganzen sind. Kein Mann und keine Frau ist eine Insel. Wenn Sie bereit sind, mehr mit anderen zu teilen, spüren Sie, dass Sie eins mit der Welt sind. Wenn Sie geben, werden Sie mit Wärme und Aufgeschlossenheit belohnt, und Sie spüren, dass Sie mitten im Leben stehen.

Gebet

Engel des Teilens,
hilf uns, mit anderen
das Beste zu teilen,
was wir haben.
Gib uns Mut, damit
wir unsere Talente
und Einsichten
ausdrücken und die
Freude des Gebens
erfahren. Zeige uns
die Güte anderer,
die mit Wärme teilen
und die uns
ermutigen, einen Teil
von uns zu geben.
Lehre uns teilen, und
offenbare uns den
wahren Wert des
Teilens.
Amen.

MEDITATION

Wie teilen Sie mit anderen? Geben Sie Ihr Bestes? Teilen Sie nur mit Menschen, die Sie kennen und lieben? Teilen Sie mit Menschen, die in Not sind? Teilen ist immer eine zweiseitige Angelegenheit, und oft bekommen Sie mehr zurück, als Sie gegeben haben. Was empfinden Sie, wenn Sie teilen? Zuerst öffnet sich ein Raum in Ihrem Herzen und in Ihrem Denken, so dass Sie geben und empfangen können. Dann fühlen Sie sich wohl, wenn Sie ein wenig mit anderen teilen. Und zum Schluss freuen Sie sich, wenn Sie noch mehr geben dürfen.

Liebe beginnt bei uns selbst und strahlt zu anderen aus.

DRITTE WOCHE

DER ENGEL DER LIEBE

Zur Liebe gehören Kommunikation und Wärme. Sie ist eine Einladung, die wir empfangen, bestätigen und genießen. Wenn wir lieben, können wir ohne Furcht vor Abweisung oder Schmerzen zusammen sein. Wir lieben, wenn wir mit unserer inneren Wirklichkeit schwingen, wenn wir auf unser Herz hören und wenn wir unserer Gefühle sicher sind. Liebe beginnt mit Selbstliebe, die zu anderen ausstrahlt.

MEDITATION

Wenn Sie lieben, urteilen Sie nicht. Sie akzeptieren sich selbst und andere Menschen, und Sie behandeln sich selbst und die anderen mit Wärme, Güte und Mitgefühl. Denken Sie über Ihre Fähigkeit nach, sich selbst und andere zu lieben. Sie können liebevoll sein, wenn Sie sich sicher und willkommen fühlen. Öffnen Sie sich diesen Gefühlen. Liebe, die Sie geben und empfangen, ist Nahrung für die Seele.

Gebet

Engel der Liebe,
bringe uns die
Wärme tiefer
Gefühle, sanfter
Berührungen und
herzlichen Lachens.
Zeige uns, dass wir
Güte und Respekt für
uns und andere
ausstrahlen, wenn
wir lieben. Lehre uns
Aufgeschlossenheit,
damit wir der
liebevolle Mensch
sein können, der wir
im Inneren sind.
Wärme unser Herz,
und hilf uns, in dieser
Welt liebevoll zu
handeln.
Amen.

Wir sind eine einzige Familie auf diesem Planeten.

VIERTE WOCHE

DER ENGEL DER BRÜDERLICHKEIT

Brüderlichkeit, das Gefühl der Einheit mit allen Menschen, entwickelt sich, wenn wir in Harmonie, Freude und Frieden mit anderen vereint sind. Wir freuen uns, Talente, Wissen, Wünsche und Abenteuer zu teilen. Wir knüpfen Beziehungen und schließen Bündnisse, und wir verstehen uns selbst besser, weil wir mit anderen teilen.

Brüderlichkeit gibt uns das Gefühl, wertvoll zu sein und zum größeren Ganzen zu gehören. Sie zeigt uns die Einheit des Lebens und hilft uns begreifen, dass wir alle eine einzige Familie auf diesem Planeten sind.

MEDITATION

Denken Sie an eine Zeit zurück, als Sie jung waren und sich nach einem Freund sehnten. Vielleicht waren Sie einsam oder neu in der Schule oder am Ort. Hat jemand Ihnen die Hand der Freundschaft gereicht? Wenn Sie einen guten Freund haben wollen, müssen Sie ein guter Freund sein.

Drücken Sie Ihre Wärme und Güte aus, indem Sie einem Bedürftigen ein Freund sind, zumindest zeitweilig. Denken Sie an Ihre Mitmenschen in der Schule, in der Nachbarschaft oder am Arbeitsplatz. Können Sie jemandem unaufdringlich helfen? Seine Dankbarkeit und sein Glück werden auf Sie zurückstrahlen. Machen Sie diese Brüderlichkeit zu einem festen Bestandteil Ihrer Beziehungen.

Gebet

*Geliebter Engel der
Brüderlichkeit,
vereine uns mit
unseren Brüdern und
Schwestern im Geist
gemeinsamer Ideale.
Hilf uns, einander zu
helfen. Wer wir sind,
hängt davon ab,
wie wir mit uns,
mit anderen und mit
Gott umgehen.
Lehre uns, dass wir
ein gemeinsames Ziel
haben: unser
Potenzial zu nutzen,
mit anderen zu teilen,
Freunde zu werden
und einander zu
lieben.
Amen.*

Fische

19. Februar bis 20. März

ELEMENT: *Wasser*

FARBE: *Purpur*

PLANET: *Jupiter*

FEST: *Jom Haschoa*

ENGEL: *Engel der Vergebung*

Vergeben ist das größte Geschenk, das wir anderen machen können. Sie befreit uns, sorgt für reinen Tisch und löst negative Schwingungen auf. Hass, Groll und Abneigung lasten schwer auf uns, zehren an unserer Lebenskraft und lähmen unsere Gefühle. Wer hasst, ist unglücklich und wird krank. Vergebung bringt uns näher zu Gott und seinen Engeln, die uns selbst dann vergeben, wenn wir dazu nicht fähig sind. Gott vergibt alles, wenn wir ihn darum bitten. Wir brauchen nur unser Herz zu reinigen, damit seine Gnade einströmen kann. Wenn wir uns selbst vergeben, befreien wir unser Denken, machen unser Herz leichter und heilen unsere zerbrechliche Seele. Wenn wir anderen vergeben, beweisen wir unsere Würde und unsere Macht. Vergebung hilft uns, Teile unserer Seele wiederzufinden, die wir durch Zorn oder Hass verloren haben.

Der Engel der Vergebung heilt uns und macht es uns leichter, jenen zu vergeben, die uns Unrecht getan haben. Wenn wir uns oder anderen vergeben, heilen wir unsere Wunden und läutern unsere Seele.

MEDITATION

Denken Sie über die Menschen in Ihrem Leben nach, die Vergebung brauchen. Vielleicht werden Sie nie verstehen, warum sie Ihnen Unrecht zugefügt haben. Aber Sie wissen, dass Sie eine dunkle Wolke des Grolls oder der Bitterkeit im Herzen tragen. Wenn Sie vergeben, werden Sie stärker. Vergeben Sie auch sich selbst, um Ihr Selbstbild zu verschönern. Das alles ist ein Teil der Läuterung, die Sie von der schweren Last in Ihrem Herzen befreit. Vergebung macht Sie ganz. Gönnen Sie sich diese Erfahrung.

Gebet

Geliebter Engel der Vergebung, wir vergeben, was uns angetan wurde, und bitten dich, uns zu erlösen. Lehre uns, wie wichtig es ist zu vergeben, und zeige uns, dass wir nur dann geheilt werden. Wir vergeben uns selbst, dass wir nicht sind, was wir sein könnten. Hilf du uns dabei. Mache uns bewusst, dass Vergebung das Herz läutert und uns ganz macht. Amen.

Tränen sind Balsam für die trauernde Seele.

ERSTE WOCHE

DER ENGEL DES KUMMERS

Der Kummer reicht tiefer als andere Gefühle. Niemand bleibt von ihm verschont; aber eine spirituelle Einstellung hilft uns, ihn zu ertragen. Wenn wir vor Kummer weinen, sind wir mit unserem wahren Wesen verbunden, und der Schmerz lässt nach. Wenn wir uns jedoch in den Kummer vergraben, verpassen wir die Gegenwart und schwächen unsere Lebenskraft. Wir müssen unseren Gefühlen nachgeben, wenn sie aufsteigen. Dadurch ehren wir den Augenblick, erlösen unseren Geist und trösten unser Herz.

Gebet

Engel des Kummers, du hast uns gelehrt,
unseren Kummer auszudrücken
und dadurch zu lindern.
Öffne unser Herz dem Gefühl
des Verlustes, und befreie unsere
unvergossenen Tränen, die schwer
auf unserer Seele lasten.
Hilf uns, den Schmerz zu lösen,
der uns daran hindert,
das Leben als kostbares Geschenk
zu genießen.
Amen.

MEDITATION

Denken Sie über die Ursachen Ihres Kummers nach. Können Sie sich von ihnen lösen, sie hinter sich lassen und wieder in der Gegenwart leben? Im Jetzt finden Sie alles, was Sie brauchen, um die Wunden der Vergangenheit zu heilen. Der Balsam der Vergebung und die Dankbarkeit für das Schöne im Leben können Sie heilen, so dass Sie frei für die Zukunft sind.

Versöhnung mit dem Gestern befreit uns im Heute.

ZWEITE WOCHE

DER ENGEL DER VERSÖHNUNG

Versöhnung bedeutet, dass wir akzeptieren, was vergangen oder in der Gegenwart noch nicht erfüllt ist. Sobald wir eingesehen haben, dass alles so ist, wie es ist, ob es uns gefällt oder nicht, können wir Schmerzen und Trauer überwinden. Wir können entgangene Chancen, unerfüllte Versprechen und Enttäuschungen hinter uns lassen und unser Leben ohne Ballast fortsetzen.

Dies ist eine Reinigung, die uns ins Hier und Jetzt führt, wo wir den nächsten Schritt nach vorne tun können. Wenn wir mit unserem Schicksal versöhnt sind, schätzen wir das, was wir haben: Liebe, Freundschaft und Freude. Versöhnung bedeutet Abschluss und Vollendung. Nun sind wir frei, das Heute zu genießen und auf das Morgen zu hoffen.

Gebet

Lieber Engel der Versöhnung, hilf uns, für alles dankbar zu sein, was wir im Leben haben. Zeige uns, dass wir uns vom Vergangenen lösen und unseren Kummer begraben müssen, damit wir die Gegenwart genießen können. Liebevolle Erinnerungen erwärmen das Herz und helfen uns, Trauer zu bewältigen. Lehre uns, voll und ganz im Jetzt zu leben. Versöhnung macht uns frei. Amen.

MEDITATION

Womit haben Sie sich im Herzen noch nicht versöhnt? Um ganz in der Gegenwart leben zu können, müssen Sie alles akzeptieren, was vergangen ist, und wenn es noch so schmerzlich ist. Nur dann erlangen Sie Weisheit und sehen das Gute und das Schlechte in jeder Situation – denn jede Situation hat ihre hellen und dunklen Aspekte. Versöhnung stärkt Ihre Spiritualität, weil Sie die Gegenwart und Ihre Stärken bekräftigen und ihre Verwundbarkeit eingestehen. Versöhnung macht Sie seelisch stabiler und setzt die Heilung in Gang.

Loslassen heißt die Tür zum Frieden und zur Heilung öffnen.

DRITTE WOCHE

DER ENGEL DES LOSLASSENS

Wir müssen uns von vielem lösen, damit wir froh in der Gegenwart leben können. Wenn Gefühle uns fesseln, leidet unsere Vitalität. Wir können unsere Stärke und Lebensfreude wiedergewinnen, wenn wir Zweifel, Furcht und schmerzliche Gefühle loslassen. Von heftigen Gefühlen können wir uns befreien, indem wir sie ausdrücken. Wir haben ein Recht auf unsere Gefühle, aber wir dürfen nicht an ihnen haften, sondern müssen die Tür zur Vergebung und Heilung öffnen. Ohne dieses Loslassen bleiben wir blockiert, und unsere Energie steckt in der Vergangenheit fest. Wenn wir uns vom Negativen lösen und die Tiefe unserer Gefühle entdecken, entscheiden wir uns für das Leben.

Gebet

Lieber Engel des Loslassens, hilf uns loszulassen, was unser Wachstum oder unsere Heilung behindert. Hilf uns, im Licht der göttlichen Liebe zu leben und negatives Denken zu überwinden. Zeige uns, wie wichtig es ist, uns auf den Tod vorzubereiten und dieses irdische Leben loszulassen, um in ewiger Glückseligkeit bei Gott zu sein. Amen.

MEDITATION

Lösen Sie sich von alten Ideen und negativen Gefühlen. Das setzt allerdings voraus, dass Sie Gefühle ausdrücken. Tun Sie das an einem sicheren Ort, wo Sie ungestört schreien oder weinen können. Jedes Gefühl wurde vom höheren Selbst geplant, um Ihr Bewusstsein zu erweitern. Wenn Sie angestaute Gefühle befreien, öffnen Sie die Tür zum Frieden und zur Vitalität. Sie ändern Ihren Blickwinkel und vertiefen Ihre Spiritualität. Dadurch bringen Sie Weisheit, Vergebung und Klarheit in Ihr Leben.

Der Abschied vom Leben ist nur ein Schritt auf der großen Reise der Seele.

VIERTE WOCHE

DER ENGEL DES ABSCHIEDS

Wir alle müssen nach Hause reisen, zurück zu Gott. Unsere Einstellung zu dieser Reise macht den Abschied leichter oder schwerer. Wenn wir den Tod fürchten, löst das Lebewohl Schmerzen und Kummer aus. Wir müssen begreifen, dass nichts auf dieser Welt von Dauer ist, damit wir erfüllt leben und das Unvermeidliche akzeptieren können.

Sobald wir erkennen, dass wir nur wenig Zeit haben, um unsere Versprechen zu erfüllen und das Beste zu geben, was wir haben, löst unsere Angst sich auf, und der göttliche Plan wird unsere Richtschnur im Leben und in der Vorbereitung auf den Abschied. Der Engel des Abschieds heilt unseren Geist, so dass er in Frieden zu Gott zurückkehren kann, um auch anderen Ebenen der Existenz Heilung zu bringen.

Gebet

Geliebter Engel des Abschieds,
lehre uns begreifen, dass das Leben
auf dieser Welt vergänglich ist
und dass wir unsere irdischen Gaben
nicht ewig genießen können. Mache uns klar,
dass wir im Jetzt leben müssen und dass wir
nur jetzt lieben und dankbar sein können.
Öffne unser Herz für andere, lasse dein Licht
leuchten über uns und segne uns mit einem
leichten Abschied von dieser Ebene.
Amen.

MEDITATION

Wie würden Sie Ihre Zeit und Energie nutzen, wenn Sie nur noch ein paar Tage zu leben hätten? Wem würden Sie Liebe schenken, wem würden Sie für Freundschaft und Beistand danken? Was würden Sie gerne noch einmal tun? Menschen in dieser Situation leben meist bewusster und machen das Beste aus der Zeit, die ihnen bleibt. Sie denken positiv, sie vergeben und sie versöhnen sich. Dann verabschieden sie sich in Würde. Daraus können Sie lernen, wenn Sie an Ihren eigenen Abschied denken. Überlegen Sie, was Sie in diesem Leben versäumt haben und was noch zu erledigen ist.

Register

Danksagungen

Mein besonderer Dank gilt meinem Lektor Geoffrey Chesler, der mir half, dieses Buch zu planen und zu entwickeln. Er legte Wert auf Klarheit und bestand darauf, dass ich die „i-Punkte" und „t-Striche" nicht vergaß, weder im wörtlichen noch im übertragenen Sinne. Unsere Zusammenarbeit hat Wohnungs- und Berufswechsel und einen Umzug in ein anderes Land überstanden und unsere Spiritualität vertieft.

Ich danke meiner Freundin und Agentin Susan Mears, Elizabeth Rice bei Hearst Books sowie Amy Carroll und Denise Brown bei Carroll & Brown für das schöne Design und die Produktion. Ihr alle wart Engel, die jede Autorin gerne an ihrer Seite hätte.

Mitten im Wandel über Engel zu schreiben tat meiner Seele gut. Es erinnerte mich daran, um Hilfe zu bitten und für die Liebe, die Führung und den Schutz dankbar zu sein, die mir zuteil wurden.

Ich danke den irdischen Engeln in meiner neuen Heimat Boulder dafür, dass sie mir geholfen haben, aus diesem Übergang eine tägliche Aufgabe zu machen: Judy Jones für Weisheit, schöne Spaziergänge und Freundschaft; Mikki Brooks für konstante Güte und Verständnis im Wandel; Fawn Christianson für lange Telefongespräche und handfeste Unterstützung bei meiner Arbeit; meiner Cousine Tani Cohen, die sich jeden Tag per E-Mail erkundigte, wie es mir ging; Kathy Owen für ihre Freundschaft und dafür, dass sie mir immer half, mein Leben im richtigen Blickwinkel zu sehen; Olivia Dewhurst-Maddox und Lady Mary Jardine für ihre Güte und Liebe; Ann Macfarlane, die mir half, eine brauchbare Spiritualität für den Alltag zu entwickeln. Ich danke euch allen.

Gott im Himmel und seinen Engeln danke ich für die unversehrte Rückkehr in meine Heimat nach dreißig Jahren aus diesem besonderen Anlass und für die Heilung und den Frieden, die ich beim Schreiben dieses Buches gefunden haben.

Gott segne uns alle.

AMBIKA WAUTERS

Literaturverzeichnis

Attwater, Donald. *The Penguin Dictionary of Saints.* Penguin Books, Harmondsworth 1975

Ben Shimon Halevy, Ze'ev. *Kabbalah*, The Divine Plan. Harper, San Francisco 1996

Boros, Ladislaus. *Angels and Men.* Search Press, London 1974

Brandon, S. G. F. (Hrsg.), *A Dictionary of Comparative Religion.* Charles Scribner's Sons, New York 1970

Burnham, Sophie. *A Book of Angels.* Ballantine Books, New York 1990

Connolly, David. *In Search of Angels.* Putnam Publishing, New York 1993

Cross, F. L. (Hrsg.). *The Oxford Dictionary of the Christian Church.* Oxford University Press, London 1966

Cowie, L. W., und John Selwyn Gummer. *The Christian Calendar.* Weidenfeld and Nicolson, London 1974

Davidson, Gustav. *A Dictionary of Angels.* The Free Press, New York 1967

Mallasz, Gitta. *Die Antwort der Engel.* Daimon Verlag, Zürich 1981

dies., *Die Engel erlebt.* Daimon Verlag, Zürich 1983

Metford, J. C. J., *The Christian Year.* Thames and Hudson, London 1991

Moolenburgh, H. C. A. *Engel – Helfer auf leisen Sohlen.* Bauer Verlag, Freiburg 1994

ders., *Engel als Beschützer und Helfer des Menschen.* Bauer Verlag, Freiburg 1985

Ruthven, Malise. *Islam, A Very Short Introduction.* Oxford University Press, London 1997

Rohr, Wulfing von, *Die Kraft der Engel.* Urania Verlag, Neuhausen am Rheinfall 1996

ders., zusammen mit Gayan Sylvie Winter, *Die Kraft der Engel.* 60 Karten mit Anleitung, Urania Verlag, Neuhausen am Rheinfall 1996

Steiner, Rudolf. *Geistige Hierarchien und ihre Widerspiegelung in der physischen Welt.* Rudolf Steiner Gesamtausgabe, Bd. 110, Dornach 1991

Steiner, Rudolf. *Was tut der Engel in unserem Astralleib?* in: ders., *Der Tod als Lebenswandlung.* Rudolf Steiner Gesamtausgabe, Bd. 182, Dornach 1986

Synnestvedt, Sig. *The Essential Swedenborg.* The Swedenborg Foundation, New York 1970

Szekely, Edmond Bordeaux. *The Gospel of the Essenes.* The C. W. Daniel Company, Saffron Walden 1979

Unterman, Alan. *Dictionary of Jewish Lore and Legend.* Thames and Hudson, London 1991

Wauters, Ambika. *The Angel Oracle.* St. Martin's Press, New York 1995

Wilson, Peter Lambron, *Engel, Urania Mini-Bibliothek.* Urania Verlag, Neuhausen am Rheinfall 1996

Bildnachweis

Seite 2 und 107 Harfe spielender Engel (Detail eines Altars der Jungfrau der Aballa Conca) von Pere Serra (1357-1405). Museo Diocesano de Lerida, Spanien/Index/Bridgeman Art Library
8 Mary Evans Picture Library
9 Museo Trident Arte Sacra Trient/The Art Archive
10 *Schutzengel* von Joshua Hargrave Sams Mann (1849-85). Haynes Fine Art, Bindery Galleries, Broadway/Bridgeman Art Library
13 British Library, London/The Art Archive
15 Biblioteca dell'Escorial, Spanien/The Art Archive
17 *Junge Mädchen tanzen an Schawuot* (Öl auf Leinwand) von Dora Holzhandler (zeitgenössische Künstlerin). Privatsammlung/Bridgeman Art Library
19 Mary Evans Picture Library
21 Moses und der brennende Busch; Moses führt die Familie zurück nach Ägypten; Moses begegnet Aaron; Moses und Aaron vor dem Pharao. *Golden Haggadah*, 1320. British Library, London/Bridgeman Art Library
23 Engel aus der *Verklärung Christi im Tempel*, um 1305 (Fresko) von Giotto di Bondone (um 1266-1337), Scrovegni-Kapelle, Padua/Bridgeman Art Library
25 Robert Harding Picture Library
27 *Anbetung eines Engels* (Tafelbild) von Fra Angelico (Guido di Pietro) (um 1387-1455). Louvre, Paris/Bridgeman Art Library
29 Engel aus der *Krönung der Jungfrau,* vollendet 1454 von Enguerrand Quarton (um 1410-66). Villeneuve-les-Avignon, Anjou/Giraudon/Bridgeman Art Library
31 *Erzengel Michael* von Guariento de Arpo (1350-1400). Museo Bottacin e Museo Civico/Bridgeman Art Library
32 Biblioteca dell'Escorial, Spanien/The Art Archive
35 Rothschild Hoheslied (MS404), Beinecke Rare Books and Manuscripts Library/Yale University
36 Markus-Kathedrale/The Art Archive
38 Imperial War Museum/The Art Archive
41 Mary Evans Picture Library
43 Zwei Engel (Zeichnung) von Giovanni Battista Cipriani (1727-85). Victoria & Albert Museum, London/Bridgeman Art Library
45 Mary Evans Picture Library
47 *Trommelnder Engel,* Detail aus dem Linaivoli-Triptychon, 1433 (Temperafarbe auf Tafel) von Fra Angelico (Guido di Pietro) (um 1387-1455). Museo di San Marco dell'Angelico, Florenz/Bridgeman Art Library
49 *Kopf eines Engels* nach Rembrandt, 1889 von Vincent van Gogh (1853-90). Privatsammlung/Bridgeman Art Library
51 Anagni-Kathedrale, Italien/The Art Archive
53 *Die goldene Zelle,* 1892 (Öl und Goldmetallfarbe auf Papier) von Odilon Redon (1840-1916). British Museum, London/Bridgeman Art Library
54 San Vitale, Ravenna/The Art Archive
57 Beaux Arts Museum, Rouen/The Art Archive
59 Mary Evans Picture Library
60 AKG Photo, London
61 Suermondt-Museum, Aachen/The Art Archive
63 und 95 Engel in himmlischer Landschaft, rechte Mauer der Apsis. Aus dem Zyklus *Reise der Magier* in der Kapelle, um 1460 (Fresko) von Benozzo di Lese di Sandro Gozzoli (1420-97). Palazzo Medici-Riccardi, Florenz/Bridgeman Art Library
64 Galleria degli Uffizi, Florenz/The Art Archive
66 Louvre, Paris/The Art Archive
68 Scrovegni-Kapelle, Padua/The Art Archive
70 *Das Kloster oder die Welt,* 1896 von Arthur Hacker (1858-1919). Bradford Art Galleries and Museums, West Yorkshire/Bridgeman Art Library
73 *Der Engel mit der Trompete* von Sir Edward Burne-Jones (1833-98). The Makins Collection/Bridgeman Art Library
74 Engel in himmlischer Landschaft, linke Mauer der Apsis. Aus dem Zyklus *Reise der Magier* in der Kapelle, um 1460 (Fresko) von Benozzo di Lese di Sandro Gozzoli (1420-97). Palazzo Medici-Riccardi, Florenz/Bridgeman Art Library
76 *Zwei Engel* von Charles Francois Sellier (1830-82). Privatsammlung/Bridgeman Art Library
79 *St. Nikolaus von Tolentino* mit einem Engelskonzert von Ambroise Fredeau (1589-1673). Musée des Augustins, Toulouse/Bridgeman Art Library
81 *Angeli Laudantes,* Wandteppich, entworfen von Henry Dearle mit Figuren von Sir Edward Burne-Jones, ursprünglich gezeichnet 1877/78, gewoben 1894 in der Abtei Merton von Morris and Co. (Wolle und Seide auf Baumwolle). Victoria & Albert Museum, London/Bridgeman Art Library
82 *Die Verkündigung* (Detail eines Engels) von Jacopo Pontormo (1494-1557). Capponi-Kapelle, Santa Felicità, Florenz/Bridgeman Art Library
85 *Musizierende Engel,* Relief in der Cantoria von Luca della Robbia (1400-82), um 1435 (Marmor). Museo dell'Opera del Duomo, Florenz/Bridgeman Art Library

87 Mary Evans Picture Library
89 *Ein Engelskonzert* aus der spanischen Schule (16. Jahrhundert). Museo de Bellas Artes, Bilbao/Index/Bridgeman Art Library
91 Mary Evans Picture Library
92 AKG Photo, London
93 Mary Evans Picture Library
96 Mary Evans Picture Library
99 The Ancient Art & Architecture Collection
100 *Drei Engel mit Trompete,* entworfen von Sir Edward Burne-Jones, hergestellt von Morris Marshall Faulkner & Co. Fenster im südlichen Seitenschiff der Kirche von Eduard dem Bekenner, Cheddleton/Bridgeman Art Library
102 National Gallery, London/The Art Archive
105 Engel vom Altar *Santa Trinità* von Giovanni Cimabue (1240-1302). Galleria degli Uffizi, Florenz/Bridgeman Art Library
108 *Drei Engel* (Tafelbild) von Ridolfo Ghirlandaio II (Bigordi) (1483-1561). Galleria dell'Accademia, Florenz/Bridgeman Art Library
110 Engel aus *Madonna della Melagrana* von Sandro Boticelli (1444/5-1510). Galleria degli Uffizi, Florenz/Bridgeman Art Library
112 Civicche Raccolte d'Arte, Verona Castellvecchio/The Art Archive
115 *Studie eines Engelskopfes* (Kreide auf Papier) von Andrea del Verrocchio (1435-88). Gabinetto dei Disegni e Stampe, Galleria degli Uffizi, Florenz/Bridgeman Art Library
116 *Engel* von Sir Edward Burne-Jones (1833-98). Privatsammlung/Bridgeman Art Library
118 Vallombrosa-Altar, Detail mit musizierenden Engeln, von Pietro Perugino (um 1445-1523). Galleria dell'Accademia, Florenz/Bridgeman Art Library
120 David Murray
123 British Library/The Art Archive
125 Mary Evans Picture Library
126 *Der Erzengel Michael* aus einem Triptychon von Hans Memling (um 1433-94). Christie's Images, London/Bridgeman Art Library
127 Nationalgalerie, Siena/The Art Archive
128 Dominikaner-Kirche, Bolzano/The Art Archive
130 Prado, Madrid/The Art Archive
133 Museo del Duomo, Friuli/The Art Archive
134 Civic Museum, Udine/The Art Archive
137 Engel mit Laute, Detail aus *Die Verklärung Jesu im Tempel,* 1510 (Tafelbild) von Vittore Carpaccio (um 1460/5-1523/6). Galleria dell'Accademia, Venedig/Bridgeman Art Library
138 Königliches Museum der schönen Künste, Antwerpen/The Art Archive
140 Musizierende Engel, Detail aus dem rechten Altarstück zu Gent, 1432 (Tafelbild) von Hubert Eyck (um 1370-1426) und Jan van Eyck (1390-1441). Kathedrale St. Bavo, Gent, Belgien/Bridgeman Art Library
143 Prado, Madrid/The Art Archive
144 Detail eines Engels aus *Die Verkündigung der Hirten,* 1656 von Nicolaes Pietersz Berchem (1620-83). Bristol City Museum and Art Gallery/Bridgeman Art Library
147 Floß der Engel aus *Galerie der Karten,* in Auftrag gegeben von Gregor XIII. zwischen 1580 und 1583 (Detail) von Egnazio Danti (1536-86). Vatikanische Museen und Galerien/Bridgeman Art Library
149 Rheinisches Landesmuseum, Bonn/The Art Archive
150 Detail der Engel auf dem Altar von San Barnaba von Sandro Boticelli (1444/5-1510). Galleria degli Uffizi, Florenz/Bridgeman Art Library
153 Basilica Aquileia, Italien/The Art Library
154 *Engel, zwischen den Sternen schreitend,* Zeichnung von William Blake (1757-1827). Victoria & Albert Museum, London/Bridgeman Art Library
158 und 159 *Die Verkündigung* von Giuseppe Velásquez (geb. 1540). Rafael Valls Gallery, London/Bridgeman Art Library
161 *Die Verkündigung* von Filippino Lippi (um 1457-1504). Galleria dell'Accademia Florenz/Bridgeman Art Library
163 *Engel mit einem Glasflakon,* Studio des Juan de Valdes Leal (1622-90). Phillips, The International Fine Art Auctioneers/Bridgeman Art Library
164 Scrovegni-Kapelle, Padua/The Art Archive
166 Kathedrale von Cuenca, Spanien/The Art Archive
169 Scrovegni-Kapelle, Padua/The Art Archive
171 National Gallery, London/The Art Archive
172 *Der Engel des Lebens* von Giovanni Segantini (1858-99). Civica Galleria d'Arte Moderna, Mailand/Bridgeman Art Library
174 *Christus, bedient von den Engeln,* von Jacques de Stella (1596-1657). Galleria degli Uffizi, Florenz/Bridgeman Art Library
177 Robert Harding Picture Library
179 Victoria & Albert Museum, London/The Art Archive
180/1 Engel aus der *Wehklage,* um 1305 Fresko von Giotto di Bondone (um 1266-1337). Scrovegni-Kapelle, Padua/Bridgeman Art Library
183 *Aus der Tiefe* von Phoebe Traquair/National Museums of Scotland
184 Türkisch-islamisches Museum, Istanbul/The Art Archive
187 *Jakobsleiter* von William Blake (1757-1827). British Museum, London/Bridgeman Art Library